Lars Keller

Ausbildung zum Erwerb der Fitnesstrainer-B-Lizenz

GRIN - Verlag für akademische Texte

Der GRIN Verlag mit Sitz in München hat sich seit der Gründung im Jahr 1998 auf die Veröffentlichung akademischer Texte spezialisiert.

Die Verlagswebseite www.grin.com ist für Studenten, Hochschullehrer und andere Akademiker die ideale Plattform, ihre Fachtexte, Studienarbeiten, Abschlussarbeiten oder Dissertationen einem breiten Publikum zu präsentieren.

Lars Keller

Ausbildung zum Erwerb der Fitnesstrainer-B-Lizenz

GRIN Verlag

Bibliografische Information der Deutschen Nationalbibliothek: Die Deutsche Bibliothek
verzeichnet diese Publikation in der Deutschen Nationalbibliografie; detaillierte bibliografische Daten sind im Internet über http://dnb.d-nb.de/ abrufbar.

1. Auflage 2005
Copyright © 2005 GRIN Verlag
http://www.grin.com/
Druck und Bindung: Books on Demand GmbH, Norderstedt Germany
ISBN 978-3-638-87804-3

AUSBILDUNG
ZUM ERWERB DER
FITNESSTRAINER-B-LIZENZ

HAUSARBEIT

von Lars Keller

2005

INHALTSVERZEICHNIS

VORWORT

„Trainingssteuerung bezeichnet zusammenfassend die gezielte (kurz- und mittelfristige) Abstimmung aller Maßnahmen der Trainingsplanung (Plan), der Trainingsdurchführung (Vollzug), der Trainingskontrolle (Kontrolle) und der Trainingsauswertung zur Veränderung der sportlichen Leistungsfähigkeit" (vgl. GROSSER et al., 1986)

Die vorliegende Hausarbeit zum Erwerb der Fitnesstrainer-B-Lizenz ist darum bemüht, eine derartige Trainingssteuerung am direkten Beispiel der Trainingssteuerung des Verfassers aufzuzeigen.

Der Verfasser – wir nennen ihn in der vorliegenden Arbeit vereinfachend „Lars" – kämpft nunmehr im 18. Trainingsjahr (auch wenn man ihm dies nicht unbedingt ansieht!) gegen eine schier unendliche Menge an Hantelscheiben, Trainingsgeräten, sagenumwobenen Trainingsmethoden und teilweise unausrottbaren Vorurteilen, die im Fitnessbereich schon immer gerne Verbreitung finden, und hat sich nun endlich entschlossen, sich auch auf intellektueller Ebene mit dem Thema „Fitnesstraining" intensiver auseinanderzusetzen.

In diesem Sinne danke ich der BSA, die mit ihren Ausbildungsmaterialien bereits jetzt jede Menge zur Veränderung meines individuellen Trainings beigetragen hat, und insbesondere Herrn Charly Drack, der es in den 4 Tagen der theoretischen und praktischen Ausbildung geschafft hat, meinen Trainingsehrgeiz weiter anzustacheln und mich mit seiner entspannten und doch geistig sehr herausfordernden Art auch im Kopf für mein persönliches Training weiterzubringen.

Danke an dieser Stelle auch an meinen festen Trainingspartner Andreas, der mich und meine Bewegungsausführungen durch sein permanent waches Auge immer fest im Griff behält und mir schon so manche schmerzhafte Haltungsungenauigkeit ausgetrieben hat! Er ist mir menschlich und sportlich ein Vorbild.

VIELEN DANK!

1.   DIAGNOSE / EINGANGSGESPRÄCH

Geschlecht	Männlich
Alter	33
Körpergröße	180 cm
Körpergewicht	75 kg
Ruhepuls	48 HF/min (vgl. unten!)
Blutdruck	120:80 mmHg (vgl. unten!)
BMI	23,15 (gerundet) (vgl. unten!)
Taille-Hüft-Quotient	80 cm Taillenumfang : 91 cm Hüftumfang = 0,88 (gerundet) > birnenförmige Körperfettverteilung > gesundheitlich günstiger!
Medikamente	In der Regel ohne Medikamente; zeitweise übliche Impfungen für Fernreisen (Hepatitis A und B / Typhus etc.)
Vorerkrankungen	Skoliose LWS / überwundene Discusprotrusion L III/IV / zeitweilige Tendopathia Patellae (v.a. links) / zeitweilig extreme Muskelverspannungen / zeitweilig Epicondylitis humeri radialis und ulnaris (rechts)
Leistungsfähigkeit / Trainingszustand	Kraft: sportlich Beweglichkeit: mittel Ausdauer: sehr sportlich (beinahe schon in Richtung Leistungssport) Koordination: schon immer nur „mittelgut"
Körperbau	Vom morphologischen Konstitutionstypus her nicht eindeutig zuordenbar; ohne Training eher der leptosome, ektomorphe Typ; dank jahrelangen Fitnesstrainings aber doch und v.a. in der oberen Körperhälfte athletisch
Aktueller Sport	Fitnesstraining, Mountainbiking, Freeclimbing, Skifahren, Skitourengehen, Langlaufen (Classic und Skating); ausgebildeter Skilehrer und Bergretter
Allgemeine Befindlichkeit	In der Regel sehr gut, berufsbedingt immer wieder Unterbrechungen in der Trainingsphase unvermeidbar; bei zu viel psychischem Stress im Beruf Auftreten von physischen Blockaden, v.a. in den Iliosakralgelenken, sowie Muskelverspannungen, die dann das längerfristige Training behindern bzw. unterbrechen können
Trainingshäufigkeit	Sommer: Mountainbiking: je nach Wetter 2-3 Mal pro Woche, auch Tagestouren (bis zu 10 Stunden Dauer und mehr; i.d.R. darunter) / Fitnessstudio: ca. 2-4 Mal pro Woche je nach beruflicher Belastung, i.d.R. sehr spät am Abend noch (ca. von 20:45 bis 22:15); gelegentliches Schwimmen Winter: Skifahren / Skitourengehen / Langlaufen ca. 1-2 Mal pro Woche (Wochenende; halb- oder ganztägig) / Fitnessstudio: ca. 2-4 Mal pro Woche je nach beruflicher Belastung, i.d.R. sehr spät am Abend noch (ca. von 20:45 bis 22:15); gelegentliches Saunieren danach
Dauer / Einheit	Vgl. oben / je Fitnesssession ca. 70-90 Minuten

Trainingshäufigkeit	Vgl. oben (immer stark berufsabhängig); angestrebt werden 3-4 Mal pro Woche
Trainingsziele	Stagnation im Krafttrainingsbereich aufbrechen / Ausdauerleistungsfähigkeit zumindest erhalten / an Beweglichkeit und Koordination weiter arbeiten mit dem Ziel der Verbesserung

2. BIOMETRISCHE PARAMETER IM VERGLEICH

Die biometrischen Ausgangswerte von Lars sind im Allgemeinen recht positiv einzuordnen.

Hier fällt insbesondere der **Ruhepuls** von 48 auf, der für einen 33-Jährigen durchaus deutlich unter dem Durchschnitt liegt. Der beste Zeitpunkt der Messung ist hier übrigens direkt nach dem Aufwachen am frühen Morgen. Besonders aussagekräftig ist die Messung des Pulses am Morgen nach dem Trainingstag. wenn er sich wie am Morgen des Trainingstages präsentiert, weist dies darauf hin, dass der Organismus eine vollständige Erholung hinter sich hat. Der Ruhepuls nimmt von der frühen Kindheit und Jugend (80-90/min) bis ins höhere Alter (60-70/min) kontinuierlich ab und erreicht bei Trainierten Werte um 40-50/min. Deutlich erhöhte Pulswerte (ca. 5-10 HF/min) - im Vergleich mit dem längerfristig erhobenen persönlichen Mittelwert - können auf Überlastung bzw. zu geringe Regeneration hinweisen, ein kontinuierliches Sinken, kann als Verbesserung der Grundlagenausdauer gesehen werden. Nach körperlichen Belastungen, Rauchen, Essen, Einnahme von Kaffee, Tee und Alkohol ist der Puls meist erhöht. *(vgl. http://www. leistungssport.com/index.php?site=135 &unav=25, letzter Abruf am 07.05.2005).* Lars fällt also in den Bereich der sportlich Trainierten, wobei seine Werte vor einigen Jahren auch schon besser waren (ca. 42-44 HF/min).

Der **BMI** berechnet sich aus dem Körpergewicht [kg] geteilt durch das Quadrat der Körpergröße [m^2]. Die Formel lautet: BMI = Körpergewicht : (Körpergröße in m)^2. Die Einheit des BMI ist demnach kg/m^2. Dies bedeutet, eine Person mit einer Körpergröße von 180 cm und einem Körpergewicht von 75 kg (Daten von Lars) hat einen BMI von ca. 23,15 [75 : (1,8 m)^2 = 23,14814815].

Der "wünschenswerte" BMI hängt vom Alter ab. Folgende Tabelle zeigt BMI-Werte für verschiedene Altersgruppen:

Alter	BMI
19-24 Jahre	19-24
25-34 Jahre	20-25
35-44 Jahre	21-26
45-54 Jahre	22-27
55-64 Jahre	23-28
>64 Jahre	24-29

Quelle: http://www.uni-hohenheim.de/~wwwin140/info/interaktives/bmi.htm
(letzter Abruf am 08.12.2007)

BMI-Klassifikation nach DGE, Ernährungsbericht 1992:

Klassifikation	M	W
Untergewicht	<20	<19
Normalgewicht	20-25	19-24
Übergewicht	25-30	24-30
Adipositas	30-40	30-40
massive Adipositas	>40	>40

Quelle: http://www.uni-hohenheim.de/~wwwin140/info/interaktives/bmi.htm
(letzter Abruf am 08.12.2007)

Die hier genannten Werte decken sich ungefähr mit denen im *Lehrbrief zur Fitnesstrainer-B-Lizenz*, so dass sie hier Verwendung finden können.

Ein Vergleich mit den Angaben der BMI-Werte für verschiedene Altersgruppen offenbart für Lars einen oberen Wert im Bereich „wünschenswertes Normalgewicht", was nicht mit bereits erkennbarer Tendenz zum Übergewicht einhergeht, sondern vielmehr zeigt, dass Lars bereits einen einigermaßen athletischen Muskelbau besitzt. Würde Lars nicht so viel Ausdauersport betreiben, wäre infolge größerer Muskelmasse hier mit Sicherheit ein noch wesentlich höherer BMI-Wert erreicht worden. Dies jedoch war nie sein Trainingsziel, nicht einmal im Alter von 16 Jahren, in dem er das Fitnessstudio und seine Faszination „entdeckte".

Als letztes Beispiel zur Demonstration der relativ hohen Fitness von Lars soll der Punkt **Blutdruck** beleuchtet werden. Als „optimal" gilt ein Blutdruck von (unter) 120 : (unter)

80 mmHg, als „normal" ein Wert von ca. 130 : 85, als „hochnormal" ein Wert von 130-139 : 85-89 mmHg. (vgl. *Lehrbrief zur Fitnesstrainer-B-Lizenz* , S. 56).

Messwerte zwischen 140 : 90 und 160 : 90 beschreibt man als „Grenzwert-Hypertonie", die - je nach Alter des Patienten - vielleicht noch keiner Behandlung, wohl aber einer regelmäßigen Kontrolle bedarf. Die Ursache der „Hypertonie", also des Bluthochdrucks, ist in 85 Prozent der Fälle nicht bekannt, man spricht dann von der „essentiellen Hypertonie". Die restlichen 15 Prozent an Ursachen verteilen sich zum Beispiel auf eine mechanische Verengung der Hauptschlagader (Aorta), auf eine verengte Nierenarterie oder auf ein chronische Nierenerkrankung. Hier kann es dann zur Überproduktion des Eiweißstoffes Renin kommen, wobei Angiotensin ausgeschüttet wird, das zur Blutdrucksteigerung führt. Es ist schließlich als Ursache auch die eventuell durch Tumorbildung bedingte vermehrte Produktion der Hormone Adrenalin und Noradrenalin im Nebennierenmark zu nennen, außerdem die Hormone der Nebennierenrinde und der Schilddrüse. (vgl. *http://www.medizin-netz.de/koerper/blutdruck.htm, letzter Abruf am 08.12.2007*).

Lars liegt mit seinen Werten 120:80 mmHg also eindeutig im Bereich „optimal", keinerlei Zweifel also an einer vollen Belastbarkeit des Organismus im Hinblick auf ein im Folgenden beschriebenes verstärktes Krafttraining.

3.   GESUNDHEITLICHE EINSCHRÄNKUNGEN

Nicht ganz so optimistisch sind einige gesundheitliche Faktoren einzuordnen, die sich im Laufe der Jahre im passiven und aktiven Bewegungssystem von Lars manifestiert haben.

Als erste Einschränkung ist hier eine angeborene Skoliose in der Lendenwirbelsäule zu nennen. Skoliosen sind Seitenverbiegungen der Wirbelsäule mit gleichzeitiger Verdrehung der Wirbelkörper. Die Wirbelsäule (bzw. Teile davon) kann (können) folglich nicht mehr vollständig aufgerichtet werden. Dadurch kommt es zum typischen Bild der Skoliose mit störendem Rippenbuckel und Lendenwulst sowie den Veränderungen an Schultern und Becken.

Die eigentliche Ursache der Skoliose ist in ca. 80% der Fälle nicht bekannt („idiopathische Skoliose"), nur in den verbleibenden 20% findet sich eine Ursache, wie z. B.

Veränderung der Knochstruktur, Muskel- und Nervenerkrankungen usw. Das weibliche Geschlecht ist im Verhältnis 4:1 deutlich stärker betroffen.

Die Skoliose führt nach und nach zu strukturellen Veränderungen der Wirbelkörper mit Verlust der Beweglichkeit. Außerdem können Störungen im Bereich der inneren Organe, vor allem des Herzens und der Lunge auftreten, es kann zur Reduktion der Atemkapazität sowie einer Rechtsherzüberlastung kommen und allgemein treten oft Schmerzen auf. Folgen sind eine eingeschränkte körperliche Leistungsfähigkeit und eine Einschränkung der 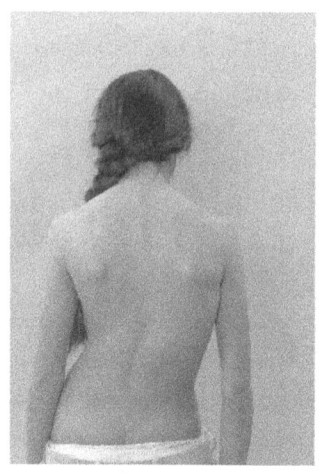 Lebensqualität (vgl. *http://www.bundesverband-skoliose.de/*; dieser Quelle entstammt auch das Bild, *letzter Abruf am 08.12.2007*).

Lars wurde infolge seiner Skoliose mit 16 Jahren im Grunde von seiner Hausärztin ins Fitnessstudio abkommandiert, um schlimmere Dauerschäden abzuhalten bzw. zumindest abzumildern. Dies ist in den ersten Trainingsjahren, nichtzuletzt aufgrund sehr oft falschen Trainings mit Überlastungserscheinungen und unzureichend reflektierten Bewegungsabläufen nicht gelungen und führte schließlich im Alter von 27 Jahren bei einer falschen Bewegung während eines Skisprungs zu einer Discusprotrusion im Bereich L III / IV. Zugegebenermaßen wurde diese Verletzung nicht nur durch falsches Fitnesstraining ausgelöst, sondern war bei Skisaisonen mit 120 Tagen in der Buckelpiste natürlich neben der ohnehin vorhandenen Skoliose beinahe unvermeidlich! Lars begab sich anschließend für über ein Jahr in Reha-Behandlung des Zentralen Hochschulsports an der Uni München und erlernte dort wichtige, gerade in den Fitnessbereich übertragbare Bewegungsmuster an Fitnessgeräten sowie Lang- und Kurzhanteln ein. Dieses Basiswissen prägt bis zum heutigen Tag die Bewegungsausführungen von Lars und bleibt für ihn unverzichtbar für eine richtige Ausübung des Fitnesssports. Die damals über 15 Monate anhaltenden Beschwerden im Bereich der Lendenwirbelsäule sind mittlerweile durch verschiedenen krankengymnastische Übungen und starke Kräftigung von Rücken- und Bauchmuskulatur (v.a. der musculi erector spinae sowie obliquus externus abdominis, rectus abdominis und transversus abdominis) so weit im Griff, dass auch längeres Buckelpistenfahren oder längeres Verharren in relativ starren Positionen wie beim Mountainbiken keine größeren Beschwerden mehr auslöst. Der Besuch eines Fitnessstudios ist aber unverzichtbarer Bestandteil des Lebens von Lars geworden, nicht zuletzt auch zur weiteren Kräftigung besagter Muskelgruppen.

Ein weiterer echter Schwachpunkt im Körperbau von Lars ist die Übertragung psychischer Spannungszustände (i.d.R. beruflich ausgelöst) in muskuläre Verspannungszustände. So blockieren sich insbesondere immer wieder die Iliosakralgelenke. Der Begriff „Iliosakralgelenk" beschreibt die durch starke Bänder gewährleistete gelenkähnliche Verbindung zwischen dem Kreuzbein und den Beckenknochen (vgl. *http://www.iliosakralgelenk.de/, letzter Abruf am 04.05.2005*). Dies wiederum hat bei Lars Schmerzen im Rücken sowie insbesondere im linken Knie zur Folge (Tendopathia Patellae), die Anfangs als eventuelle Arthroseerscheinungen bzw. Meniskusprobleme behandelt wurden. Schon bald erkannte der behandelnde Sportarzt jedoch, dass im Falle des Patienten Lars eine fehlerhafte Statik (insbesondere ausgelöst durch die Blockade in einem Iliosakralgelenk) für die muskuläre Überlastung verantwortlich gemacht werden konnte. Laut seinen Aussagen genügen statische Veränderungen im Millimeterbereich, die zur Anspannung eines Muskels führen können. Beim Tasten der Muskulatur erkannten Arzt und Physiotherapeut dann die völlig verhärtete Oberschenkelmuskulatur links. Es ist verständlich, dass bei einer Blockade jeder Schritt keine harmonische Belastung für die unteren Extremitäten bedeutet. So wird das eine Knie wird immer anders belastet als das andere und auf diese Weise die gesamte Muskulatur falsch belastet. Dies wiederum kann sich auf das Knie oder auf das Sprunggelenk negativ auswirken (vgl. *http://www.iliosakralgelenk.de/* sowie *http:// www.deutsches-arthrose-forum.de/contents /deutsches-arthrose-forum /archive/2004/501-verzeichnis-iliosakralgelenk-001.html, letzte Abrufe am 04.05.2005*).

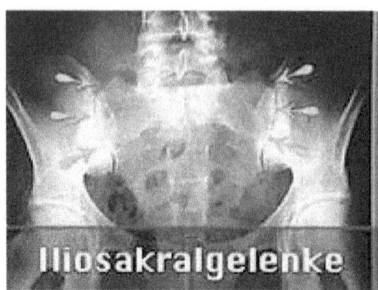

Bildquelle: *http://www.halterchiropraktik. ch/pages/ISG.html (letzter Abruf am 04.05.2005)*

Die Therapie wegen der Knieschmerzen sah nun so aus: zuerst löst der Physiotherapeut die Blockade mit APM (Akupunkturmassage nach Penzel). Danach wird der Bereich der Blockade und die schmerzhaften Muskeln, die bei der Untersuchung des Knies auffällig gewesen sind, mit einem Tapeverband versorgt, um dem Gehirn eine permanente „Schmerzbotschaft" zu übermitteln und so den Körper zur Bewusstwerdung und zu Selbstheilungsprozessen anzuregen (vgl. hierzu auch *http://www.aeksh.de/shae/200403 /h043044a.html, letzter Abruf am 17.04.2005*). Ein paar Tage später kann dann mit Massagen und krankengymnastischen Übungen begonnen werden. Lars spricht dabei auf harte Massagen besonders erfolgreich und Blockade lösend an.

Sobald die Blockade und die Muskelverspannungen einigermaßen gelöst sind, kann wieder mit leichtem Training begonnen werden. In besonderen Stresszeiten behindern die Verspannungen jedoch insbesondere das Krafttraining, da dann auch einfache Bewegungen mit Schmerzen im Knie sowie Lendenwirbelsäulenbereich verbunden sind. Beim Skifahren kann sich eine derartige Blockade auch im Tagesverlauf plötzlich lösen und zu Schmerzfreiheit führen. In der Regel, außer im wirklich akuten Zustand, lindert Bewegung die Spannungsschmerzen und trägt zur Lockerung der Muskeln bei. Charly Drack empfahl Lars während der Präsenzphase im Übrigen die Anwendung von Methoden der Progressiven Muskelentspannung nach Edmund Jacobson, für die er leider bislang keine Zeit gefunden hat.

4. SPORTLICHE AKTIVITÄTEN / TRAININGSMOTIVE UND - WÜNSCHE / ZEITBUDGET

Lars begann im Alter von ca. 15 Jahren in der Ausübung seiner Sportarten extremer zu werden als sein Freundeskreis. Die in seiner Kindheit betriebenen Sportarten, insbesondere Schwimmen und Leichtathletik, begannen ihm unattraktiv zu erscheinen und er wandte sich immer mehr verschiedenen Berg- sowie Funsportarten zu. Im Winter verfolgte er an immer mehr Tagen sein höchstes sportliches Glück, das Skifahren, das ihn über die Arbeit erst in einer lokalen, später in einer internationalen Skischule vom Hilfsskilehrer über den Grundstufenskilehrer hin zum Anwärter und schließlich zum Verbandsskilehrer und Mitglied des Lehrteams seiner Skischule brachte. Während der Studienzeit ergaben sich so Skisaisonen von zwischen 120-150 Tagen (!), in denen sich Arbeit und privates Vergnügen die Waage hielten. Bis heute besucht Lars die Lehrgänge des Deutschen Skilehrerverbandes zum Erhalt seiner Internationalen Skilehrermarke und arbeitet als Erwachsenen- wie Kinderskilehrer in verschiedenen Skischulen soweit es die Zeit zulässt.

Über die immer verstärkter betriebenen Sommerbergsportarten Freeclimbing und Mountainbiking und das im Winter aufgenommenen Skitourengehen kam Lars schließlich zur Bergwacht, wo er innerhalb 2 Jahren die Ausbildung zum Sommer- wie Winterbergretter durchlief. Heute hat er nur noch gelegentlich für die Ausübung seiner ehrenamtlichen Tätigkeit Zeit, Mountainbiken und Skitourengehen sind aber nach wie vor seine extremen Konditionsspender geblieben.

Der regelmäßige Besuch von Fitnessstudios begleitet Lars seit nunmehr 18 Jahren, angefangen in seiner Heimatstadt Weilheim, schließlich weitergeführt am Studienort München sowie während diverser, oft längerer Auslandsaufenthalte in Italien und Großbritannien. Anfangs führten Lars die oben beschriebenen ärztlichen Ratschläge ins Studio, doch schon nach kurzer Zeit wurde der Ort medizinischer Heilung zum Gottestempel der Anbetung körperlicher Formung. Die Sucht war kaum zu stoppen und so besuchte Lars anfangs 6-7 Mal pro Woche die hiesige Fitnessoase. Im Laufe der Jahre jedoch, insbesondere nach dem oben beschriebenen Skiunfall, wich die Sucht auch der Notwendigkeit und man besann sich mehr und mehr der wahrhaft Gesundheit spendenden Trainigsmethoden und Lars ließ von eher jugendlich-brachialen Praktiken ab (man erinnert sich (un)gern an die so genannten „Supersätze", nach deren Ausführung ein totaler physischer Zusammenbruch nicht immer vermieden werden konnte!).

Heute hat Lars einen festen Trainingspartner, mit dem er sich an ca. 2-4 Tagen pro Woche einem durchdachten Trainingsschema widmet, welches ihn sportlich zwar herausfordert, jedoch Übertrainings- und folglich Überlastungserscheinungen tunlichst zu verhindern sucht.

Über den 43 Jahre alten Trainingspartner von Lars sollten eventuell noch ein paar Worte verloren werden. Seine Erscheinung ist mit 120 Kilos und beinahe 200 cm Körpergröße doch eher als imposant einzustufen. Mehr als das fasziniert Lars jedoch der unglaubliche Lebens- und Trainingswille von Andreas, der vor nunmehr 2 Jahren mit der Diagnose Krebs plötzlich von der Bildfläche verschwunden war. Nach einem ganzen Jahr absoluter Trainingspause kam Andreas glücklicherweise „gesund" ins Fitnessstudio zurück und seither trainieren er und Lars beinahe ausschließlich gemeinsam. Anfangs konnte er nach all den Behandlungen (Chemo- und Strahlentherapie, diverse Operationen etc.) kaum vom Erdgeschoss in den 2. Stock gehen, ohne dabei vor Erschöpfung schier umfallen zu müssen. In eisenhartem und immer wohldurchdachtem Training hat er sich mittlerweile wieder seine alte Fitness zurück erobert und ein abendlicher Lauf nach Hause über 20 Kilometer erscheint ihm nach einem harten Krafttraining beinahe wieder als Spaziergang. Seine Person wird auch deshalb hier so ausführlich dargestellt, weil er letztlich bei der Gestaltung der Trainingspläne verständlicherweise mehr als nur ein Wort mitzureden hatte…

Die Trainingsmotive von Andreas liegen dabei auf der Hand, die von Lars wären noch etwas ausführlicher zu definieren. Natürlich bleibt die Prävention weiterer degenerativer Schäden am Bewegungssystem omnipräsent, weitere wichtige Ziele für Lars sind jedoch vorwiegend in der Erhaltung bzw. Verbesserung seiner Ausdauerfähigkeit und hauptsächlich in der Stärkung seiner Muskelkraft zu sehen. Gerade letztere soll sowohl durch letztlich höhere Trainingsgewichte sowie einen weiteren (geringen) Ausbau seiner Muskelmasse in Erscheinung treten. Insbesondere im Bereich der Maximalkraft, also der Anteil der Absolutkraft, der willkürlich aktiviert werden kann (vgl. *Lehrbrief zur Fitnesstrainer-B-Lizenz , S. 84*) werden Fortschritte angestrebt. Auffällig ist dabei bei Lars, dass seine obere Körperhälfte bereits athletisch trainiert erscheint, während seine Beine (wohl nicht zuletzt auch wegen der häufigen Dauerbelastung beim Skifahren und Moun-tainbiken) als eher mager erscheinen (was im Übrigen dem in der Tabelle oben genann-ten Erscheinungsbild des ektomorphen Typen in gewisser Weise widersprechen mag). Auch hier wäre ein Aufbau von Muskelmasse wünschenswert. Eventuell müsste dazu auch die Ernährung etwas mehr umgestellt werden, die doch als eher fleischlos zu be-zeichnen ist. Eiweiß- und Kohlenhydratpräparate haben in diesem Zusammenhang bei Lars noch nie Erfolge ausgelöst.

Der wichtige Faktor Zeit fand bislang bereits an mehreren Stellen Erwähnung. Lars ist Lehrer an einem Gymnasium und – allen in der Bevölkerung weit verbreiteten Vorurtei-len zum Trotz – permanent mit seinen beruflichen Aufgaben beschäftigt. Seine Wochen-arbeitszeit schwankt zwischen 50 und 70 Stunden und auch von den Ferien bleiben oft nur wenige Tage bzw. von den Sommerferien in der Regel zirka 3 Wochen zur Erho-lung. Ganze Wochenende frei gibt es in der Regel nicht, maximal ein Tag, meist der Sonntag, springt für ganztägige sportliche Beschäftigungen heraus. Das Training im Fit-nessstudio rutscht grundsätzlich in die Abendstunden (meist zwischen 20:45 und 22:15), was für den Biorhythmus oft nicht so ganz einfach zu verkraften ist. Lars liebt den beruf-lichen Umgang mit Kindern und Jugendlichen, trägt aber oft auch die Sorgen und Nöte der jungen Menschen mit nach Hause, was ihn psychisch belasten kann und dann seine Trainingsleistung mindert. Lösen die psychischen Verspannungen dann die oben be-schriebenen Blockaden aus, ist an ein geregeltes Training für eine Weile nicht zu denken und es müssen sportliche Ersatzlösungen (leichtes Radfahren etc.) gefunden werden. Insgesamt begrenzt der Faktor Zeit deutlich die sportlichen Erfolge von Lars, anderer-seits bereitet der Beruf auch viel Freude und macht insgesamt glücklich.

5. DER ILB-TEST IM ALLGEMEINEN
(spezielles Kapitel „ILB-Test für Lars" weiter unten)

Die meisten Bodybuilder und Fitnesssportler wählen Ihre Trainingsgewichte (= Intensität) dem Instinktprinzip oder dem Tagesbefinden aus. Kurz vor der Übung legen sie in Gedanken fest, mit welchen Gewichten sie heute trainieren werden. Die Trainingspraxis zeigt, dass eine solche Vorgehensweise für absolute Top-Profis mit jahrelanger Erfahrung durchaus erfolgsträchtig sein kann, aber bei Anfängern und selbst Fortgeschrittenen nicht zu den optimalen Erfolgen führt (vgl. *Lehrbrief zur Fitnesstrainer-B-Lizenz , S. 119* bzw. *http://www.body-life.ch/page.cfm?id=107, letzter Abruf am 08.12.2007).*

Um eine dem individuellen Stoffwechsel angepasste Intensitätsbestimmung zu gewährleisten, ist es sinnvoll die aktuelle Leistungsfähigkeit genau mit der Wiederholungszahl zu testen, mit der später im eigentlichen Training auch trainiert werden soll. Hier setzt die „Individuelle-Leistungsbild-Methode", kurz „ILB-Methode", an.

Die ILB-Methode ermöglicht eine individuelle Auswahl und Festlegung der Werte, aus denen sich ein persönlicher Trainingsplan zusammensetzt (Trainingsintensität, Wiederholungszahl, Satzzahl, Satzpausen). Die Grundregel lautet natürlich auch hier Trainingshäufigkeit vor Trainingsumfang, Umfang vor Dichte und Dichte vor Intensität. Gerade für die Bestimmung der Trainingsintensität bietet die ILB-Methode optimale Möglichkeiten.

Der erste Schritt der Trainingssteuerung nach der ILB-Methode ist der ILB-Test, der die Bestimmung des verletzungsträchtigen „1-RM" („one-repetition-maximum") (vgl. *Lehrbrief zur Fitnesstrainer-B-Lizenz , S. 107* oder *http://www.bodybuilding.com/fun /1rm.htm, letzter Abruf am 17.05.2005*) und die Methode des oft unzuverlässigen „subjektiven Belastungsempfinden" vermeidet (mehr dazu unter *http://www.feel-fit.com/index.php4?thema= krafttraining&unterthema=gewicht, letzter Abruf am 08.12.2007*). Dazu wählt man in Bezug auf die aktuellen Trainingsziele die entsprechende Trainingsmethode mit der entsprechenden Wiederholungszahl und die Übungen aus, mit denen man im späteren Trainingsplan auch trainiert.

14

Nach einem allgemeinen Aufwärmteil absolviert man noch 2-3 spezielle Aufwärmsätze mit der gleichen Übung, die auch getestet wird (mit geringem Gewicht). Erst danach gehen Sie an den eigentlichen Testsatz, in dem Sie versuchen, innerhalb der vorgegebenen Wiederholungszahl (zum Beispiel 10 Wiederholungen) so viel Gewicht wie möglich zu bewältigen.

Für Anfänger ist es mit Sicherheit ungeheuer schwer, einzuschätzen wie hoch das Testgewicht ungefähr liegen muss, damit der Test optimal durchgeführt werden kann. Sie sollten sich an erfahrene Bodybuilder oder Trainer wenden, die aufgrund ihrer langjährigen Trainingspraxis hilfreiche Tipps geben können. Fortgeschrittene oder Leistungstrainierende können die Testgewichte durch ihre eigenen Erfahrungen in der Regel sehr gut einschätzen.

Sobald der ILB-Test für alle Übungen durchgeführt ist (meist erst nach einigen Tagen oder Wochen), setzt man mit Hilfe des Grobrasters (siehe Tabellen unten) die Testergebnisse in die künftige Trainingsplanung um.

Durchführung der ILB-Methode im Überblick:

1. Schritt	Erstellen eines Trainingsplans: Auswahl der Trainingsziele, der Übungen, der entsprechenden Wiederholungs- und Serienzahlen für jede Übung	• Kraftausdauer: 15-25/30 Wdh. / TUT > 50 Sek. • Hypertrophie: 8-12/15 Wdh. / TUT 20-50 Sek. • Maximalkraft: 5-8 Wdh. / TUT < 20 Sek.
2. Schritt	ILB-Test mit der entsprechenden Wiederholungszahl 1. Allgemeines Aufwärmen 2. Spezielles Aufwärmen 3. Erster Testsatz mit der geforderten Wiederholungszahl (maximal sollten 3 Testsätze durchgeführt werden)	zum Beispiel: Hypertrophietraining Bankdrücken: 10 Wdh. mit 100 kg / Fliegende KH 12 Wdh. mit 20 kg / Rudern horizontal 10 Wdh. mit 50 kg usw.
3. Schritt	Umsetzung des Testergebnis in die Trainingsplanung	Auswahl der Trainingsintensität anhand des Grobrasters (vgl. Tab. unten)

(vgl. *Lehrbrief zur Fitnesstrainer-B-Lizenz , S. 121* oder *http://www.body-life.ch/page.cfm?id=107, letzter Abruf am 04.05.2005*)

In der Regel plant man ein Training für mehrere Wochen bzw. Monate grob voraus. Dies geschieht, indem man sich Gedanken darüber macht, in welcher Reihenfolge und wie lange man mit welcher Trainingsmethode trainieren will. Die Sportwissenschaft gibt die optimale Dauer eines Mesozyklus mit 4-6 Wochen (*http://www.body-life.ch/page.cfm?id=107, letzter Abruf am 04.05.2005*) bzw. 4-8 Wochen (vgl. *Lehrbrief zur Fitnesstrainer-B-Lizenz , S. 121*) an, da sich in diesem Zeitraum die größten Anpassungen am Muskel einstellen. Die restlichen Werte (Intensität, Wdh.-Zahl etc.) für den Trainingsplan entnimmt man einfach dem Grobraster (siehe folgende Tabelle).

Leistungs-stufe	Zeitstufe in Monaten	Trainings-system	Trainings-häufigkeit/ Woche	Übungen/ Muskel-gruppe	Sätze/ Übung	Intensität in % von ILB (*)
Orientier-ungsstufe	0-1,5	Ganzkörper (GK)	2	1-2	1-2	gering
Beginner	1,5-6	GK	2	1-2	1-2	50-70
Geübter	6-12	GK	2-3	1-2	2	60-80
Fortge-schrittener	12-36	GK / (2er) Split	3-4	1-3	2-3	70-90
Leistungs-trainierender	36 und mehr	GK / (2er u. 3er Split)	3-6	1-4	2-4	80-100

(*) Die Intensitätsangaben beziehen sich nicht auf die 1er Maximalleistung, sondern auf die maximale Leistung in der jeweils trainierten Wiederholungszahl. / Die Wiederholungszahlen sind selbstverständlich am Trainingsziel ausgerichtet. (vgl. *Lehrbrief zur Fitnesstrainer-B-Lizenz , S. 122*)

Die Unterteilung in verschiedene Leistungsstufen innerhalb des Grobrasters orientiert sich in erster Linie am Trainingsalter (=Dauer, wie lange ein Sportler schon trainiert) und dem tatsächlichen aktuellen Leistungsniveau. Von der Orientierungs- bis zur Leistungsstufe werden alle Trainingsparameter systematisch aber behutsam (auch das ist typisch für die ILB-Methode!) erhöht um den Körper ständig an weitere Anpassungen zu zwingen. Somit erzielen selbst Athleten, die schon jahrelang trainieren, immer noch recht erstaunliche Verbesserungen. Gleichzeitig werden durch dieses progressive System Überlastungen und Schädigungen am Bewegungsapparat tunlichst vermieden.

Eine komplette Trainingsplanung (Makrozyklus), zum Beispiel für einen Fortgeschrittenen, könnte dann wie in den folgenden Tabellen dargestellt aussehen:

	Mesozyklus I	Mesozyklus II	Mesozyklus III	Mesozyklus IV
Dauer	4-6 Wochen	4-6 Wochen	4-6 Wochen	4-6 Wochen
Trainingsmethode	Kraftausdauer	Hypertrophie	Maximalkraft	Kraftausdauer
Wdh.-Zahl	min. 15 max. 25	min. 8 max. 12	min. 5 max. 8	min. 15 max. 25
Intensität	70-90 % von ILB	70-90 % von ILB	70-90 % von ILB	70-90 % von ILB
Sätze/Übung	2-3	2-3	2-3	2-3
Übungen/ Muskelgruppe	1-2	1-2	1-2	1-2
Trainingshäufig- keit/Woche	3-4	3-4	3-4	3-4

Zahlen nach *Lehrbrief zur Fitnesstrainer-B-Lizenz , S. 124* sowie *http://www.body-life.ch/page.cfm?id=107, letzter Abruf am 04.05.2005*).

Tabelle: Mesozyklus II vom obigen Makrozyklus (Hypertrophietraining)

	Mikro I	Mikro II	Mikro III	Mikro IV	Mikro V	Mikro VI
Wdh-Zahl	min. 8 max. 12	min. 8 max. 12	min. 8 max. 12	min. 8 max. 12	min. 8 max. 12	min. 8 max. 12
Intensität	70% von ILB	70% von ILB	80% von ILB	80% von ILB	90% von ILB	90% von ILB
Sätze/ Übung	2	2	2	2	2	2
Übungen/ Muskel- gruppe	1-2	1-2	1-2	1-2	1-2	1-2
Trainings- häufigkeit/ Woche	3	3	3	3	3	3

Zahlen ausschließlich nach *Lehrbrief zur Fitnesstrainer-B-Lizenz , S. 124*

Tabelle: Beispiel einer kurzfristigen Trainingsplanung: Mikrozyklus III

Übung	Satzzahl	Wdh-Zahl	Intensität
LH-Bankdrücken	2	10	80% = z.B. 80 kg
Fliegende KH	2	10	80% = 16 kg
Rudern horizontal	2	10	80% = 40 kg
Nackenziehen	2	10	80% = ...kg
Scott-Curl	2	10	80% = ...kg
Armbeugen KH	2	10	80% = ...kg
Usw.			

* Übungen für die Rumpf stabilisierende Muskulatur (z.B. Bauchmuskulatur) wird gesondert aufgeführt und nicht nach ILB-Methode geplant. Sie sollten trotzdem im Kundentrainingspan enthalten sein!

Die Vorteile der ILB-Methode im Überblick:

- Es ist kein Maximaltest (1RM) zur Bestimmung der Trainingsintensität notwendig, wodurch sich die Belastung des Bewegungsapparates verringert (Verletzungsprophylaxe).

- Für jeden Wiederholungszahlbereich wird ein individuelles Leistungsbild erstellt, das in die Trainingsplanung sinnvoll integriert werden kann.

- Optimale anstelle maximaler Trainingsreize gewährleisten die steigende Leistungsfähigkeit, unterstützen die schnellstmögliche Regenerationszeit nach dem Training und reduzieren das immer latent vorhandene Verletzungsrisiko.

- Zuverlässige Testergebnisse in den verschiedenen Leistungsbereichen sind möglich und sichern den Trainingserfolg.

- Eine geplante Abwechslung innerhalb der Trainingsplanung bringt mehr Trainingsmotivation, was gerade auch den Langzeittrainierenden langfristig im Studio hält.

- Ganz besonders als Vorteil der ILB-Methode zu erwähnen (wenngleich infolge des vorgegebenen Seitenzahlmaximums der vorliegenden Arbeit hier nicht detailliert behandelt) ist sicherlich die Verwirklichung einer Vielzahl von Trainingsprinzipien, wie beispielsweise der des „überschwelligen Trainingsreizes", der „Individualität und Altersgemäßheit", der „progressiven Belastungssteigerung", der „Periodisierung und Zyklisierung", der „variierenden Belastung", des „optimalen Verhältnisses von Belastung und Erholung", der „Dauerhaftigkeit und Kontinuität" und weiteren.

„Der Grundsatz der ILB-Methode heißt: OPTIMAL STATT MAXIMAL"
(http://www.body-life.ch/page.cfm?id=107, letzter Abruf am 04.05.2005)

Der Individuelle-Leistungsbild-Test des Fitnesskunden Lars ist weiter unten ausführlich behandelt, so dass im vorliegenden Kapitel bewusst auf ein Eingehen auf die individuelle Person Lars verzichtet wurde.

6.   BEWEGLICHKEITSTESTS

Doch nun zurück zu Lars. Wie schon weiter oben peinlich erwähnt, liegen dessen sportliche Stärken nicht wirklich im Bereich der Beweglichkeit! Weder Gelenkigkeit noch Dehnfähigkeit sind hier von der Natur besonders begünstigt worden. Einzig das während der Reha-Zeiten erlernte Instrumentarium zur Dehnung einiger Rückenpartien und vor allem auch der Bauchmuskulatur wird nach wie vor nicht aus den Augen verloren. In gewissen Sternstunden kann sich Lars sogar zu ausgeprägterem Stretchtraining hinreißen lassen.

Im Folgenden soll (wie im neuen *Leitfaden zur Erstellung der Hausarbeit* auf den Seiten 342 ff. gefordert!) nur eine einzige Dehnungsübung ausführlicher dargestellt und im Anschluss der Testbericht des Dehnungstalentes Lars angehängt werden.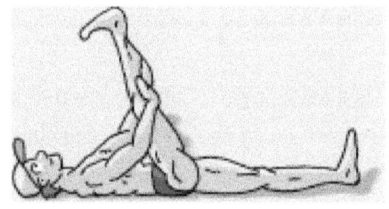

Bei der Übung handelt es sich um die im Rahmen der Anfangsdiagnose zur Aufnahme in Fitnessstudios beim Beweglichkeitstest auch gerne gemachte Übung zur Dehnung der Muskulatur der Oberschenkelrückseite. In Rückenlage wird ein Bein an der Oberschenkelrückseite gefasst und in die Hüftbeugung herangeführt. Das Kniegelenk ist dabei gestreckt, die Fußspitze zeigt in Richtung Schienbein. Das andere Bein liegt lang gestreckt auf dem Boden und darf die Ausgangsposition nicht verlassen. Die Dehnung ist im Bereich der Oberschenkelrückseite des in die Luft gestreckten Beines spürbar. Die dabei vorrangig gedehnte Muskulatur umfasst die hintere Oberschenkelmuskulatur (ischiocrurale Muskulatur), die Gesäßmuskulatur (M. glutaeus maximus) sowie die Zwillingswadenmuskel (M. gastrocnemius). Das oben stehende, im Internet weit verbreitete Bild (z.B. bei *http://www.free-running.de /html/dehnung.html, letzter Abruf am am 08.12.2007* oder bei *http:// www.runnersnews.de/dehnung.html, letzter Abruf am 08.05.2005*) ist dabei nicht ganz korrekt, da in der Regel der Winkel zwischen Boden und in die Luft gestrecktem Bein zum Schutze der Lendenwirbelsäule nicht unbedingt die 90-Grad-Marke überschreiten sollte. Folgende Bilder (entstammen der Quelle: *http://www.lust-auf-abnehmen.de/pages/abnehmen /bewegungstipps/dehnuebungen.html, letzter Abruf am 05.05.2005*) zeigen daher den Bewegungsablauf besser:

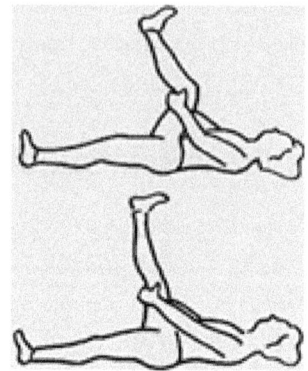

Lars kennt diese Übung seit Jahren und kann sie insofern auch erfolgreich ausführen. Empfehlenswert und sogar von Lars gern verwendet ist dabei die Variante, das gestreckte Bein an einem Pfosten (z.B. eines Kabelzuggerätes) abzustützen und dann bei ausgeführter Streckung auch noch – kontrolliert versteht sich! – leicht ins Hohlkreuz zu fallen. Hier ist jedoch absolute Vorsicht geboten und die Übung bleibt dem Dehnungsprofi vorbehalten!). Ebenso sollte – wenn überhaupt – die oben darge-stellte Variante nur äußerst ruhig und konzentriert durchgeführt werden.

Alle hier gezeigten Varianten ersetzen aber auf jeden Fall die traditionelle Dehnungs-übung „Rumpfbeuge im Lang- und Grätschsitz", die sich trotz erheblicher Druckbelas-tung im Lendenwirbelbereich bis heute nicht ausrotten lässt (vgl. *http://www.sportun-terricht.de/lksport/funktionsgym20.html, letzter Abruf am 08.12.2007*).

Ansonsten ist eventuell noch allgemein zum Dehnen zu sagen, dass man heute als Ziele des Dehnens folgende Punkte nennt: Vorbereitung des Muskels auf eine nachfolgende Arbeit, Verbesserung der Beweglichkeit, Prophylaxe oder Therapie von Muskelverkür-zungen, Verletzungsprophylaxe, Verbesserung der Muskelregeneration, Reduzierung des Muskeltonus (im Fitness- und Kraftsport mit Vorsicht zu genießen, da für viele Ü-bungen natürlich eine hohe Muskelspannung vonnöten ist!), psychische Entspannung.

Uns allen ist ebenfalls bekannt, dass sich Stretchtechniken in dynamisches Stretching (für Fortgeschrittene oder Profis), ballistisches Stretching (beinahe ausschließlich dem

Profi vorbehalten), aktives Stretching (bei Beginnern oft nur eingeschränkt möglich), passives und statisches Stretching (auch für Beginner geeignet) sowie (post)isometrisches Stretching (erfordert Erfahrung) unterteilen lassen. Mehr dazu finden Sie zum Beispiel unter *http://www.sportunterricht.de/lksport/stretchingch.html (letzter Abruf am 08.12.2007).*

7. ZIELSETZUNG

Die Zielsetzung deckt sich im vorliegenden Falle natürlich mit den bereits weiter oben genanten Wünschen des Trainierenden Lars, so dass hier eine Zusammenfassung der wichtigsten Hauptziele genügen kann.

Eines der wesentlichen Ziele von Lars ist, wie oben bereits tabellarisch niedergelegt, eine seit Jahren anhaltende Stagnation im Krafttrainingsbereich aufzubrechen. Im Laufe der Trainingsjahre hatte sich ein gewisser Gewöhnungsprozess eingestellt, sowohl physisch wie psychisch. Die Muskeln waren die ewig gleichen Bewegungsabläufe mit ihren ewig ähnlichen Bewegungshäufigkeiten, -umfängen, -dichten und -intensitäten bereits so gewöhnt, dass sich neben allmählich einsetzenden Überlastungs- und Ermüdungserscheinungen, wie z.B. eine Epicondylitis humeri radialis und ulnaris, keine weiterer Muskelaufbau einstellen wollte. Irgendwie war dies Lars aber auch egal, er versuchte mehr oder weniger ins Blaue und nach Lust und Laune seinen Fitnesssport auszuüben. Eines Tages beschloss er dann jedoch, seine alten Gewohnheiten aufzubrechen und begann erstmals (nach 16 Jahren!) ein Training mit einem Partner. Dessen Geschichte wurde ja bereits eingehender beleuchtet. Schon bald setzte eine deutliche Verbesserung des Trainings- und vor allem Nachtrainingsgefühls ein, der Muskelzuwachs und die Definition wurden von Training zu Training sichtbarer.

Ein weiterer Schritt vorwärts sollte durch die Teilnahme an der BSA-Ausbildung gewährleistet werden. Durch die intensive Auseinandersetzung mit der Thematik „Fitnesssport" während der Vorbereitungs- und Präsenzphasen sowie während der derzeitig anhaltenden Hausarbeitsphase wurde das Training immer ausgeklügelter – es machte schlicht mehr Spaß! Ganz klar als Hauptziel definiert war deshalb für den vorliegenden Trainingsplan ein Mehr an Gewicht während des Trainings zur besseren Entwicklung der Maximalkraft sowie ein gemäßigtes Maß an Hypertrophie. Um nicht missverstanden zu werden, das Mehr an Gewicht sollte auf gar keinen Fall den Preis einer schlampige-ren Bewegungsausführung zur Folge haben, und ein Mehr an Muskelmasse kann im Rahmen des teilweise recht harten Konditionstrainings von Lars (auf dem Mountainbike oder jedweder Art von Skiern – auf dieses Training soll hier nur am Rande eingegangen werden!) nur gemäßigt ausfallen…

Deutlicher an Masse zulegen dürften die Beine, die bisher nicht so ganz zum Bild des sportlich doch schon ausgeprägter entwickelten Körperoberteils passen wollen. Bein-übungen (hypertropher Art) werden daher etwas intensiver mit ins Training einbezogen. Im Hinblick auf die doch sehr ambitioniert ausgeübten sportlichen Tätigkeiten im Skisport kann hier ein sinnvolles Plus an Muskelmasse ebenso sehr nützlich sein. Über-lastungserscheinungen (v.a. am anfälligen linken Knie, im Lendenwirbelsäulenbereich und am ebenfalls vormals lädierten rechten Ellbogen) müssen aber unbedingt vermieden werden. Dies gilt im Übrigen selbstredend für alle für den vorliegenden Makrozyklus ausgewählten Übungen.

Eventuell gehört an dieser Stelle noch einmal betont, dass die bisherigen gesundheitlich einschränkenden Schwierigkeiten zum gegenwärtigen Zeitpunkt – auch nach Aussagen des Sportarztes – keinen Hinderungsgrund für ein in vollem Umfang und mit voller In-tensität durchgeführtes Fitnesstraining darstellen. Natürlich sollten im Sinne der Ge-sundheitsprävention die einstmaligen Einschränkungen bei der Ausübung sportlicher Tätigkeiten bedacht werden.

Insgesamt soll als weiteres nicht zu unterschätzendes Hauptziel außerdem der Versuch gemacht werden, endlich wieder mehr und noch mehr Freude am Fitnesstraining zu ge-winnen und die mögliche Vielfalt der Formen des Fitnesstrainings voll(er) auszuschöp-fen. Dazu gehört – so schwer es Lars immer wieder fallen mag – auch die Ausdehnung des Trainingsumfangs auf festgelegte Auf- und Abwärmzeiten (dazu später noch mehr!), die bisher in seinem Training kläglich vernachlässigt wurden.

Die eigene Ausdauerleistungsfähigkeit sollte zumindest erhalten, wenn nicht gesteigert werden. Eine Steigerung würde allerdings wesentlich mehr Zeit in Anspruch nehmen – nach dem gegenwärtigen Stand der beruflichen Dinge scheint dies utopisch. Da das Fit-nesstraining im Studio hiervon ohnehin nicht wirklich berührt erscheint (Kondition tankt Lars beinahe ausschließlich in der freien Natur), kann dieser Punkt etwas vernachlässigt dargestellt werden.

Durch den gezielten Einbau auch koordinativ anspruchsvollerer Übungen soll einmal mehr der Versuch gewagt werden, an Lars koordinativen Fertigkeiten zu schleifen, die nicht immer Bewunderung auszulösen vermögen!

Natürlich möchte sich Lars in Zukunft über das eigene Training noch mehr auf die Bedürfnisse potenzieller Kunden einzustellen lernen. Er arbeitete bereits früher als im Fitnessstudio und möchte dies in seiner Freizeit hier und da, zumindest aushilfsweise, auch weiterhin, und dann als „Fitnesstrainer-B", tun.

8. TRAININGSPLANUNG FÜR DEN FITNESSKUNDEN LARS

In diesem Kapitel soll zunächst ein Makro-, dann ein Mesozyklus für das verbesserte Trainig von Lars dargestellt werden (vgl. *Leitlinien zur Erstellung der Hausarbeit* (vgl. *Lehrbrief Fitnesstrainer-B-Lizenz, S 342 ff.*). Selbstverständlich wird bei den nun folgenden Ausführungen die ILB-Methode als Grundlage vorausgesetzt. Da diese Methode schon weiter oben detailliert vorgestellt wurde, kann an dieser Stelle auf die allgemeinen Fakten (Inhalte / Vorteile, Nachteile etc.) verzichtet werden. In diesem Punkt hat sich der Verfasser eine geringfügige Veränderung in der Anordnung der Leitfadeninhalte vorbehalten.

8.1 Makrozyklus

Tabelle: Beispiel des Makrozyklus des Trainings von Lars (Leistungsstufe: Fortgeschrittener – Fitnessprofi)

	Mesozyklus I	Mesozyklus II	Mesozyklus III	Mesozyklus IV	Unterbrechung durch einen 1-wöchigen Mountainbike-	Mesozyklus V
Dauer	4 Wochen	6 Wochen	4 Wochen	6 Wochen		6 Wochen
Trainingsziel	Kraftausdauer	Hypertrophie	Maximalkraft	Hypertrophie		Kraftausdauer
Trainingssystem	Ganzkörper	Split	Split	Split		Ganzkörper
Wdh.-Zahl	15	10	5	8		15
Intensität	70-90 % von ILB	70-90 % von ILB	80-90 % von ILB	70-90 % von ILB		70-90 % von ILB
Sätze/Übung	3	3	2	3		3
Übungen/ Muskelgruppe	2	2-3	1-2	2-3		3
Pausen zwischen den Serien	Ca. 45 Sek.	Ca. 2 ½ Min.	Ca. 3 ½ Min.	Ca. 2 ½ Min.		Ca. 45 Sek.
Trainingshäufigkeit / Woche	3-4	3	3	3		3-4

Begründung des Makrozyklus für Lars: Die mit wichtigsten Hauptziele von Lars liegen im Aufbau von etwas mehr Muskelmasse sowie der Steigerung der Maximalkraft. In diesem Sinne empfiehlt es sich, zumindest das erste Kraftausdauertraining im Makrozyklus nur 4 Wochen lang durchzuführen, dann folgen 6 Wochen des Hypertrophietrainigs. Den Mesozyklus III mit dem Ziel des Maximalkrafttrainings dann auf mehr als wiederum 4 Wochen auszudehnen, wird dagegen für unvernünftig empfunden, da die bekannte Anfälligkeit der verschiedenen Gelenke von Lars (inbesondere der Ilioskralgelenke, der LWS, der Ellbogengelenke) kein Geheimnis ist. Aus dem selben Grunde schließt sich spätestens nach Mesozyklus IV (wieder Hypertrophietraining im Sinne der Trainingsziele) auch eine Woche mit vorwiegend Wellnessurlaub (und leichtem Mountainbiking) an, im vorliegenden Fall mussten wegen kurzzeitig aufflammender Gelenkprobleme schon nach dem Mesozyklus III ein paar Regenerationstage eingebaut werden, was eigentlich nicht vorgesehen war. Insgesamt bleibt wegen dieser latenten Probleme auch die Maximalbelastung nach wie vor bei 90% ILB und geht darüber nicht hinaus.

Eines der überhaupt bedeutendsten Ziele war ohnehin, die seit Jahren anhaltende physische wie mentale Stagnation im Krafttrainingsbereich aufzubrechen. Dies ist mit dem vorliegenden Trainingsplan hervorragend gelungen!

8.2 Mesozyklus

Zur detaillierteren Darstellung eines Mesozyklus soll nun Mesozyklus II herausgepickt werden:

	Mesozyklus II
Dauer	6 Wochen
Trainingsziel	Hypertrophie
Trainingssystem	Split
Wdh.-Zahl	10
Intensität	70-90 % von ILB
Sätze/Übung	3
Übungen/ Muskelgruppe	2-3
Pausen zwischen den Serien	Ca. 2 ½ Min.
Trainingshäufigkeit / Woche	3

Während das Split-Training für Lars keine Neuerung darstellte, brachte ihn das bis dato völlig ungewohnte Training nach Plan anfangs ordentlich in Rage. Nach den ersten 4 Wochen jedoch gewöhnte er sich allmählich an das neue Trainingsgefühl und die Phase von Mesozyklus II stand an. In dieser Phase sollte nun erstmals ein gesteuertes Hypertrophietraining erfolgen. Die nachfolgenden Tabellen zeigen das während dieser Zeit von Lars durchgeführte Training.

Tabelle:
Beispiel des Mesozyklus II vom obigen Makrozyklus (Hypertrophietraining) aus dem Trainingsplan für Lars

	Mikroz. I	Mikroz. II	Mikroz. III	Mikroz. IV	Mikroz. V	Mikroz. VI
Wdh.-Zahl	10	10	10	10	10	10
Intensität	70% von ILB	75% von ILB	80% von ILB	85% von ILB	85% von ILB	90% von ILB
Sätze / Übung	3	3	3	3	3	3
Übungen / Muskelgruppe	2	2	2	2	2-3	2-3
Trainingshäufigkeit / Woche	3	3	3	3	3	3

In der Regel wurde auch in Realität 3 Mal pro Woche trainiert, so dass sich für Mesozyklus II ein 3er-Split-Training geradezu aufdrängte. Ein Mikrozyklus bestand deshalb ebenfalls aus drei Trainingtagen, dann begann der Kreis von neuem, nur eben mit gesteigerten Trainingsgewichtswerten (70% von ILB > 75% > 80 % > etc.).

Die ersten drei Tage bestanden demzufolge aus folgenden Übungen:

Tabelle:
Beispiel Tag I des Mikrozyklus I aus Mesozyklus II aus dem Trainingsplan von Lars:

Übung	Satzzahl	Wdh-Zahl	Intensität
Allgemeines (und nachfolgend jeweils kurzes spezielles Aufwärmen pro Muskelgruppe) (dazu unten mehr!)			
Brust (vorwiegend)			
LH-Bankdrücken auf der Flachbank	3	10	70% = ca. 45 kg (100% bei 10 Whd. = 65 kg)
Fliegende KH auf der Schrägbank	3	10	70% = ca. 12,5 kg (100% für 10 Whd. = 18 kg)
Triceps			
Kickbacks mit Flachbank und KH	3	10	70% = ca. 10 kg (100% für 10 Whd. = 14 kg pro KH)
Armstrecken am Kabelzug mit Tricepsgriff (über Flaschenzüge)	3	10	70% = ca. 42 kg (100% für 10 Whd. = 60 kg)
Bauchübungen: Rumpfbeugen auf der Gymnastikmatte & Beckenanheben am Boden (je 3 x 20; natürlich ohne ILB-Methode geplant!)			
Beine			
Beinstreckmaschine	3	10	70% = 35 kg (100% für 10 Whd. = 50 kg)
Wadenmaschine sitzend	3	10	70% = ca. 18 kg (100% für 10 Whd. = 25 kg)
Beinbeugemaschine	3	10	70% = ca. 28 kg (100% für 10 Whd. = 40 kg)
Im Anschluss an dieses Haupttraining kann sich im Einzelfall – je nach Laune – noch das Training kleiner, oft unbeachteter Muskelgruppen schließen (z.B. die Dorsalflexion an der Beinpresse oder ein spezielles Anti-Tennisarmtraining mit kleinsten Gewichten).			
Auf jeden Fall wird nach Beendigung des Muskeltrainings noch abgewärmt (vgl. Kapitel weiter unten).			

Tabelle:
Beispiel Tag II des Mikrozyklus I aus Mesozyklus II aus dem Trainingsplan von Lars:

Übung	Satzzahl	Wdh-Zahl	Intensität
Allgemeines (und nachfolgend jeweils kurzes spezielles Aufwärmen pro Muskelgruppe) (dazu unten mehr!)			
Rückenmuskulatur (vorwiegend)			
(Spezielles Aufwärmen am Gravitron möglich)	2	10	50% = ca. 30 kg (100% bei 10 Whd. = 60 kg)
Zug vertikal zur Brust am vertikalen Kabelzug breite Stange	3	10	70% = ca. 42 kg (100% für 10 Whd. = 60 kg)
Zug eng horizontal am Kabelzug enger neutraler V-Griff	3	10	70% = ca. 35 kg (100% für 10 Whd. = 50 kg)
Reverse Butterflymaschine	3	10	70% = ca. 11 kg (100% für 10 Whd. = 15 kg)
Biceps			
Kurzhantelhammercurls Sitzend	3	10	70% = ca. 14 kg (100% für 10 Whd. = 20 kg pro KH)
Scottcurls mit Obergriff an der Scottbank	3	10	70% = ca. 18 kg (100% für 10 Whd. = 25 kg)
(An dieser Stelle könnte man sich vorstellen, physiotherapeutische Rückenübungen einzustreuen (z.B. das Rückenstrecken an der 45 Grad Bank oder andere), die natürlich wiederum ohne ILB-Methode geplant werden. Ein Moment des etwas geruhsameren Trainings ist vor dem erneuten Beintraining nie falsch!			
Beine (heute nicht ganz so umfangreich und hart)			
Adduktorenmaschine	3	10	70% = 28 kg (100% für 10 Whd. = 40 kg)
Abduktorenmaschine	3	10	70% = 28 kg (100% für 10 Whd. = 40 kg)
Dieses Antagonistentraining von Adduktoren und Abduktoren kann theoretisch auch im direkten Wechsel vollzogen werden.			
Im Anschluss an dieses Haupttraining kann sich im Einzelfall – je nach Laune – noch das Training kleiner, oft unbeachteter Muskelgruppen schließen (z.B. die Dorsalflexion an der Beinpresse oder ein spezielles Anti-Tennisarmtraining mit kleinsten Gewichten). Koordinationsübungen, z.B. auf dem halben Holzball, könnten ebenfalls auf der Tagesordnung stehen (besonders für Lars, der ja seine koordinativen Kräfte festigen möchte) und würden dann sogar zur weiteren Kräftigung der kleinen Muskeln um das Sprunggelenk und am Fuß beitragen.			

Auf jeden Fall wird nach Beendigung des Muskeltrainings noch abgewärmt (vgl. Kapitel weiter unten).

Tabelle:
Beispiel Tag III des Mikrozyklus I aus Mesozyklus II aus dem Trainingsplan von Lars:

Übung	Satzzahl	Wdh-Zahl	Intensität
Allgemeines (und nachfolgend jeweils kurzes spezielles Aufwärmen pro Muskelgruppe) (dazu unten mehr!)			
Beinmuskulatur (heute wieder härter und am Beginn des Trainings)			
Kniebeugen mit Langhantelstange Gewicht hinten	3	10	70% = ca. 35 kg (100% bei 10 Whd. = 50 kg)
Ausfallschritt-Kniebeuge mit Kurzhanteln	3	10	70% = ca. 13 kg (100% für 10 Whd. = 18 kg je KH)
Beinpresse 45 Grad	2	10	70% = ca. 56 kg (100% für 10 Whd. = 80 kg)
Schulter (vorwiegend)			
Langhantelnackendrücken Sitzend	3	10	70% = ca. 28 kg (100% für 10 Whd. = 40 kg)
Kurzhantelseitheben Stehend	3	10	70% = ca. 7 kg (100% für 10 Whd. = 10 kg je KH)
Langhantelrudern aufrecht (Powerzug)	3	10	70% = ca. 18 kg (100% für 10 Whd. = 25 kg)
Im Anschluss an dieses Haupttraining könnten sich im Einzelfall – je nach Laune – noch das Training kleiner, oft unbeachteter Muskelgruppen (z.B. Unterarme) oder ein ruhiges Bauchtraining schließen.			
Auf jeden Fall wird nach Beendigung des Muskeltrainings noch abgewärmt (vgl. Kapitel weiter unten).			

Begründung des Aufbaus des Mesozyklus: Der Fitnesstrainierende Lars hat sich für das hier dargestellte halbe Trainingsjahr das Erreichen von mehr Muskelmasse zum Ziel gesetzt. Mit der doppelten Vertretung von Hypertrophietrainingsmesozyklen im Makrozyklus wird dies schon einmal ganz deutlich. Ebenso deutlich wird das Ziel aber auch im eben präsentierten einen Teil des ersten Hypertrophiemesozyklus. Die Zahl von 10 Wiederholungen pro Satz deutet zwar noch nicht auf ein absolutes Hypertrophietraining, jedoch wird die Zahl der Wiederholungen im zweiten Hypertrophiemesozyklus (Mesozyklus IV) noch einmal um 2 auf 8 verringert.

Der soeben detailliert dargestellte erste Teil des Mesozyklus II offenbart weiter, dass durch die Auswahl der Übungen – oft komplex und mit freien Hanteln; alle Körperpartien werden weitgehend angesprochen – ein durchaus umfangreiches Training, das von Woche zu Woche härter wird, zur Grundlage gelegt wurde.

Natürlich liegt, wie sicher unschwer zu erkennen ist, ein besonderer Akzent auf dem Training der Beinmuskulatur. Nur einmal pro Woche wird hier mit dem Training der Adduktoren und Abduktoren eine eher weniger anstrengend zu trainierende Muskelgruppe ausgewählt. Um Überlastungserscheinungen zu verhindern, wurden hier übrigens bei in der Realität leider immer wieder auftretendem Zeitmangel entweder einzelne Übungen oder die gesamte Muskelgruppe Beine hier und da von der Tagesliste gestrichen. Insgesamt erwies sich jedoch das beschriebene Beintraining über die Länge des guten halben Jahres durchaus als ein großer Erfolg (es wurden deutliche Muskelzuwächse verzeichnet – vgl. das Kapitel über die Re-Tests).

Durch die Vielfalt an Übungen, aber auch den Zwang, ein ganz bestimmtes Trainingsprogramm an einem ganz bestimmten Tag erfüllen zu müssen, sowie die Tatsache, dass das Training permanent geistig mitverfolgt und kritisch hinterfragt werden musste, führten bei Lars zu einer völlig neuen Sicht des Trainings und, schlicht gesagt, zu wesentlich mehr Trainingsfreude. Die schier ewig anhaltende Stagnation des Trainingserfolgs war durchbrochen, deutliche Fortschritte insbesondere auch auf der ebene der Maximalkraft wurden mit Freude zur Kenntnis genommen.

Erstaunlich ebenfalls, dass sich sogar Koordination und Beweglichkeit durch den gezielten Einbau von bis dahin wenig bis gar nie verwendeten Übungen aus dem Übungskatalog der BSA verbesserten...

Die wesentlichsten Ziele, die mit dem Trainingsplan erreicht werden sollten, wurden also tatsächlich in die Realität umgesetzt und das ist in der Tat eine sehr erfreuliche Entwicklung!

9. AUFWÄRMEN UND ABWÄRMEN

Wie oben versprochen, soll nun noch dem Warm-Up und dem Cool-Down ein Kapitel gewidmet sein.

Eine Auf- und Abwärmphase MUSS Bestandteil jedes Trainings- und Wettkampfprozesses sein. Sportler sollten wissen, dass ein gezieltes Aufwärmen die körperliche Leistungsfähigkeit verbessert und die Verletzungsgefahr minimiert.

Unter „allgemeinem Aufwärmen" versteht man Maßnahmen, die darauf abzielen, den gesamten Körper sportartunabhängig zu aktivieren. Dies wird durch Übungen erreicht, die zu einer Erwärmung der großen Muskelgruppen führen (z.B. beim Einlaufen auf dem Sportplatz oder im Fitnessstudio auf dem Laufband, dem Ergometer, dem Crosstrainer etc.). Im „speziellen Aufwärmen" sind die einzelnen Übungen gezielt auf die Anforderungen einer bestimmten Sportart bzw. im Fitnessstudio an die Anforderungen der als nächstes trainierten Muskelgruppe (z.B. Brust) ausgerichtet.

Die Wirkungen des Aufwärmens sind vielfältig und kaum in vollem Umfang aufzählbar: nervale Erregungsprozesse werden beschleunigt, Reaktions- und Kontraktionsgeschwindigkeit steigen an, Herzfrequenz, Blutdruck und Atmung werden ebenfalls gesteigert, eine Vermehrung der Durchblutung der in der Sportart eingesetzten Muskeln wird angeregt, genauso die Steigerung der Körpertemperatur sowie eine Verbesserung der Energiebereitstellungsvorgänge erreicht. Durch Reduzierung der inneren Reibung von Muskeln, Sehnen und Bändern wird die Verletzungsgefahr reduziert, die Vermehrung der Produktion von Gelenkschmiere sowie die Dickenzunahme des Gelenkknorpels durch Flüssigkeitseinlagerungen schützen ebenso vor Überlastungen. Der Erhöhung der Aufnahmefähigkeit der verschiedenen Analysatoren unserer Sinne ist eine weitere positive Begleiterscheinung des Warm-Ups, und auch im psychischen Bereich können ein Abbau von nervösen Spannungszuständen sowie die Steigerung der Motivation an sich als günstig genannt werden.

Die aktive Aufwärm- / Bewegungsphase hat insbesondere zum Ziel, die Körpertemperatur deutlich (um ca. 2 bis 2,5°C) zu erhöhen. Das allgemeine Aufwärmen geht dem speziellen Aufwärmen stets voraus. Langsame, schonende, geringe Bewegungsamplituden verstehen sich beim Warm-Up von Selbst. Das Aufwärmen richtet sich in Umfang und

Intensität nach dem Trainingszustand: je besser der Trainingszustand, desto länger und - am Ende des Aufwärmens - desto intensiver. Das Aufwärmen ist an die Intensität der geplanten Belastungen anzupassen: je höher die angestrebte Belastung (z.b. im Wettkampf), desto länger die allgemeine aktive Aufwärmphase. Ebenso steigt die Aufwärmzeit mit zunehmendem Alter. Bei kühler Umgebungstemperatur muss länger aufgewärmt werden als bei warmer Luft. Sogar am Morgen ist länger aufzuwärmen als im weiteren Tagesverlauf. Als Orientierungszeiten sollten für den Beginner um die 10 Minuten (im Zweifelsfalle bei sehr unsportlichen Leuten auch darunter), im Leistungssport um die 20 Minuten angesetzt werden.

Inhalte des Aufwärmens im Überblick
• Psychische / mentale Einstellung

• Allgemeines Aufwärmen durch Aktivierung des Herz-Kreislauf-Systems
  • dynamischer Einsatz großer Muskelgruppen
  • ca. 10 bis 20 Minuten Dauer
  • Belastungsintensität: HF bei 160-180 minus Lebensalter
    (für Lars $170 - 33 = 137$)

• Spezielles Aufwärmen (1-2 Sätze Kraftübungen mit niedriger Intensität)

Übrigens ist Aufwärmzeit keine Trainingszeit! Training führt zu Ermüdung, Aufwärmen sollte aber aktivieren!

Besonders oft unterschätzt (auch von Lars, der diesbezüglich sein verhalten stark zum Positiven verändert hat) ist das Abwärmen, das von noch mehr Fitnesssportlern mit einem Naserümpfen bedacht wird.

Die Wirkungen des Cool-Down sind dabei unbestritten: Wiederherstellung des Gleichgewichts zwischen Sympathikus und Parasympathikus, Abnahme der Erregung und Anspannung, Einkehr von Beruhigung, Rückkehr von Pulsfrequenz, Blutdruck, Atmung und Temperatur in die Normallage, Lockerung der ermüdeten und verspannten Muskulatur, die für Kraftsportler besonders wichtige Beschleunigung des Abbaus von Stoffwechselendprodukten, Verkürzung der Regenerationszeit, Vorbeugung kurz- und langfristiger Verletzungen sowie Verschleißerscheinungen und viele weitere positive Aspekte (vgl. hierzu auch *http://www.sportunterricht.de/lksport/aufab.html, letzter Abruf am 08.12.2007*).

Inhalte des Abwärmens im Überblick

- Regenerative Herz-Kreislauf-Belastung („Auslaufen" / „Ausradeln" in ca. 10-20 Minuten Dauer / Belastungsintensität noch niedriger wie beim Aufwärmen: ca. 160 – Lebensalter als HF > für Lars ca. 127 HF)
- Dehnen der zuvor hauptsächlich verwendeten Muskelgruppen zur Senkung des Muskeltonus
- Passives Abwärmen (z.B. Solarium, Massage, s.u.)

Vorsicht im Übrigen vor alleinigem passivem Auf- und Abwärmen, z.B. in der Sauna, hier sind die positiven Wirkungen um ein Vielfaches reduziert. Nach dem aktiven Abwärmen empfiehlt sich aber selbstverständlich auch ein Aufenthalt im Dampfbad oder der warmen Wanne – sofern der Kreislauf dann noch mitspielt!

10. TRAININGSDURCHFÜHRUNG

Im Folgenden wird – ebenfalls wie in den neuen *Leitlinien zur Erstellung der Hausarbeit* (vgl. *Lehrbrief Fitnesstrainer-B-Lizenz, S 342 ff.*) gefordert – eine kleine Auswahl aus zwei Übungen aus dem Mesozyklus genauer vorgestellt.

Ausgewählt wurden hierfür zwei komplexe Lieblingsübungen des Autors: das Bankdrücken zur Kräftigung der Brustmuskulatur sowie das Beinstrecken an der Beinstreckmaschine zur Stärkung der Oberschenkelstreckmuskulatur.

http://www.personalshapeup.com/hanteln.jpg
(letzter Abruf am 07.12.2007)

Prinzipiell kann man alle Übungen in 2 Kategorien unterteilen: Die Grundübungen / komplexen Übungen und die Isolationsübungen.

Grundübungen (so werden sie übrigens vornehmlich in der Schweiz bezeichnet) sind diejenigen Übungen, bei denen zwar primär eine bestimmte Muskelgruppe trainiert werden soll, jedoch mehrere Gelenke und damit auch mehrere Muskelgruppen zum Einsatz kommen. Gute Beispiele hierfür sind die 3 Disziplinen des Kraftdreikampfes, nämlich das Bankdrücken, die Kniebeuge und das Kreuzheben. So werden beim Bankdrücken primär die Brustmuskeln trainiert, aber auch Schulter- und Trizepsmuskulatur werden dynamisch beansprucht und können niemals aus der Übung ausgelassen werden. Bei solchen Übungen können deshalb aber auch die schwersten Gewichte bewältigt werden und somit werden sie besonders für Masse- und Kraftaufbau empfohlen. (vgl. *http://www.sportfitness.ch/training/grunduebungen.htm, letzter Abruf am 14.05.2006*) Nicht zuletzt wurden ja auch bei der Zielsetzung zur Formulierung des Trainingsplanes immer wieder die Hauptziele Masse- und Kraftaufbau genannt.

10.1 Genaue Übungsbezeichnung: Langhantelbankdrücken auf der Flachbank

Verwendete Geräte und Hilfsmittel: Flachbank, Langhantel, Gewichtsscheiben, Sicherungen.

Leistungsstufe: Fortgeschrittene, Leistungssport.

Geräteeinstellung: Schon während des Aufbaus ist darauf zu achten, dass die Langhantelstange in jedem Moment gesichert ist. In der Regel geschieht dies durch BEIDSEITIGES Einschieben von (also im Allgemeinen zwei!) Sicherungsstiften zwischen Langhantelhalterung und Langhantel. Ist die Langhantelstange leer, muss man dringend auf gleichmäßiges Bepacken der Stange mit den Gewichtsscheiben achten, ist die Stange noch vom Vorgänger schwer bepackt, gilt Ähnliches für den Abbau. Für den Einsteiger empfiehlt sich hier ohnehin (auch für die Zeit der Durchführung der Übung) ein Trainingspartner oder die Hilfe eines Trainers, so dass nur ja die Scheiben nicht von der Stange fallen (hohe Verletzungsgefahr!!!). Ist die gewünschte Höhe des aufgelegten Gewichtes erreicht, müssen wiederum beide Seiten der Langhantelstange mit Sicherungen (aufschraubbar oder als Stahlfedern im Studio oft gefährlicherweise am Boden oder in den dafür vorgesehenen Halterungen an der Wand oder bei den Gewichten zu finden) versehen werden. Die Sicherungsstifte für die Fixierung der Langhantelstange während des Auflegens der Gewichtsscheiben können dann gefahrlos herausgezogen werden, um das Gerät für den Trainingsbeginn starklar zu machen.

Bewegungsausführung: Legen Sie sich so auf die Flachbank, dass sich die Augen unter der Langhantelstange befinden. Die Rückenlage muss stabil sein, der Kopf liegt senkrecht auf der Bank auf und befindet sich in Verlängerung der Wirbelsäule. Die Beine auf dem Boden oder der Bank fixieren. Nun fassen Sie die Hantelstange mit mittelbreitem Griff (neutrale Griffbreite im Obergriff), so dass die Unterarme, wenn die Hantel die Brust berührt, senkrecht stehen. Schultern tief ziehen. Heben Sie dann die Hantel aus der Halterung und lassen diese langsam herab, so dass der Brustkorb im unteren Drittel berührt wird. Danach drücken Sie die Langhantel ruhig und geführt nach oben (leicht bogenförmig), bis die Arme fast gestreckt sind (Ellbogen bleiben in der Endphase aber leicht gebeugt!). Achten Sie darauf, dass Sie die Handgelenke stabil halten (sie bilden eine Linie mit den Unterarmen)! (nach *http://www.rubner.ch/bodybuilding /tipps/brusttraining/bankdruecken.html (letzter Abruf am 23.05.2005)* bzw. nach *Übungskatalog der BSA).*

http://www.muskelbody.de/gifs/bodybuild/bru_01.jpg
(letzter Abruf am 08.12.2007)

Atemtechnik: Beim Herablassen einatmen, beim Hochdrücken ausatmen.

Beanspruchte Muskeln:

- Dynamisch:
  - M. pectoralis major (großer Brustmuskel):
    - Ursprung: Schlüsselbein, Brustbein, Scheide des geraden Bauch-muskels
    - Ansatz: Leiste des großen Oberarmhöckers (überkreuzt sich im Ansatz)
    - Funktion:
      - speziell für die Übung: Anteversion und Innenrotation des Oberarmes
      - allgemein: Anteversion, Adduktion und Innenrotation des Oberarms im Schultergelenk. Senkt den erhobenen Arm nach unten.
  - M. deltoideus, pars clavicularis (Deltamuskel, vorderer Anteil):
    - Ursprung: Schlüsselbein
    - Ansatz: Deltarauhigkeit des Oberarmbeines
    - Funktion: Anteversion und Innenrotation des Oberarmes

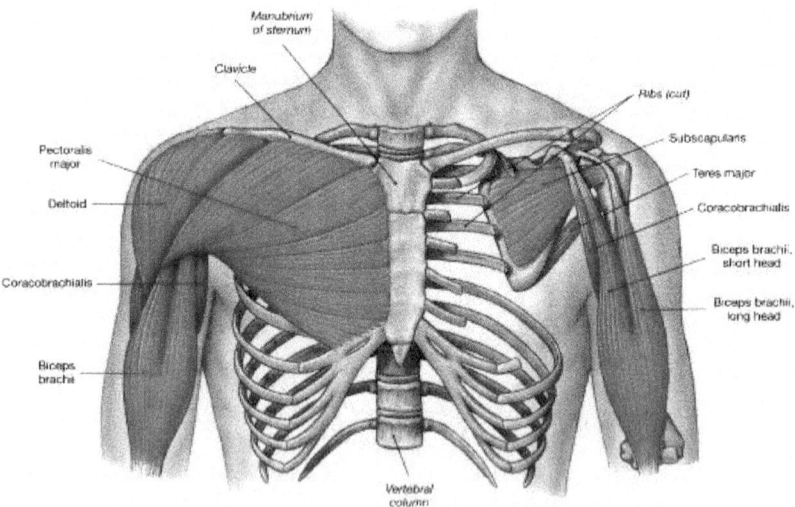

http://www.bodybuilding.com/fun/issa67abig.jpg (letzter Abruf am 08.12.2007)

36

- o M. triceps brachii (dreiköpfiger Armstrecker):
    - Ursprung:
        - Caput longum (langer Kopf): Höckerchen unterhalb der Schultergelenkpfanne
        - caput mediale (mittlerer Kopf) und caput breve (kurzer Kopf): Hinterfläche des Oberarmbeines
    - Ansatz: Hakenfortsatz der Elle
    - Funktion:
        - speziell für die Übung: Extension des Ellenbogengelenks
        - allgemein: Extension des Ellenbogengelenks (alle Köpfe), Retroversion und Adduktion des Oberarmes im Schultergelenk (langer Kopf)

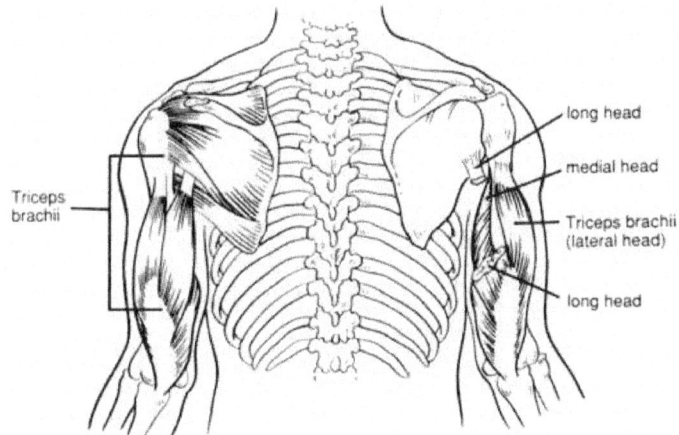

http://www.bodybuilding.com/fun/tricepbig.jpg (letzter Abruf am 08.12.2007)

- Statisch (stabilisierend):
    - o M. trapezius (Trapezmuskel oder Kapuzenmuskel):
        - Ursprung:
            - Oberer Anteil (pars descendens): Hinterhauptschuppe, Dornfortsätze des 1. – 7. Halswirbels
            - Mittlerer Anteil (pars transversa): Dornfortsätze des 1. – 4. Brustwirbels
            - Unterer Anteil (pars ascendens): Dornfortsätze des 5. – 12. Brustwirbels
        - Ansatz:
            - Oberer Anteil: Schlüsselbein
            - Mittlerer Anteil: Medialer Rand der Schulterhöhe
            - Unterer Anteil: Schulterblattgräte
        - Funktion:
            - speziell für die Übung: Stabilisierung des Schulterblattes und des Schlüsselbeines
            - allgemein:

- Oberer Anteil: Elevation der Schulter und Rotation des Kopfes
- Mittlerer Anteil: Retraktion der Schulterblätter
- Unterer Anteil: Depression der Schulterblätter

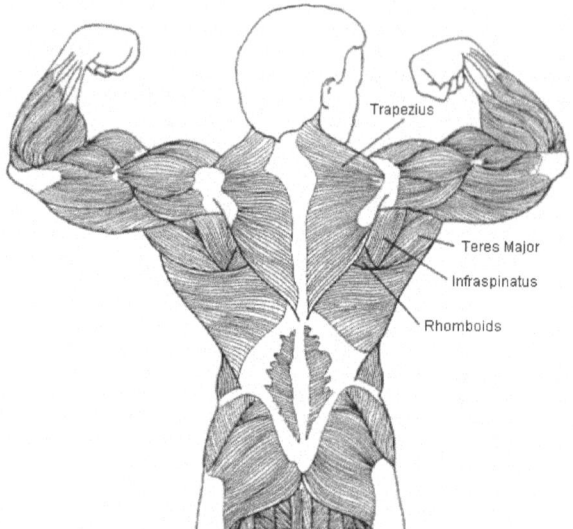

http://www.fun-and-fitness.com/mus-zone/images/upback.gif
(letzter Abruf am 20.05.2005)

Charakteristik der Übung: Das Bankdrücken ist eine komplexe Übung, bei der die Bewegung im Schulter- und Ellenbogengelenk ausgeführt wird. Das Training mit der Langhantel ist immer auch koordinativ sehr anspruchsvoll, da während des gesamten Übungsverlaufs auf eine beidseitig gleichmäßige, ausbalancierte Ausführung zu achten ist. Für Lars ist das Training an den Freihanteln ohnehin zu empfehlen, da er seine koordinativen Fertigkeiten weiter schulen möchte und eine freie Führung der Gewichte bei richtiger Ausführung auch Gelenk schonender ist.

3 typische Bewegungsfehler dieser Übung:

- Vermeiden Sie unbedingt das Abfedern der Stange auf der Brust! Schon bei geringem Gewicht kann es hier zu groben Verletzungen, wie beispielsweise Rippenbrüchen, kommen.

  Die gezielte Korrekturmöglichkeit des Trainers muss hier lauten: „Achten Sie gerade bei dieser Übung auf eine stets kontrollierte und langsame Ausführung der Bewegung zu jedem Zeitpunkt des Bewegungsumfangs, besonders jedoch vor dem Wechsel vom Herablassen zum Hochdrücken!" (Ein Trainingspartner bzw. die Mithilfe des Trainers ist bei Bankdrückeinsteigern anzuraten!)

- Vermeiden Sie das Heben des Gesäßes bzw. das Fallen ins Hohlkreuz! Damit schaden Sie auf Dauer Ihrer Lendenwirbelsäule, Verspannungszustände und Rückenbeschwerden stellen sich ein.

Die gezielte Korrekturmöglichkeit des Trainers kann hier lauten: „Um sicherzustellen, dass Gesäß und Rücken immer flach auf der Bank aufliegen, können Sie während der Bewegungsausführung Ihre Füße auf der Bank auflegen bzw. die Beine auch einfach in die Luft heben." (vgl. das Bild auf der nächsten Seite)

http://www.praemotion.de/grafik/sport/kraft/bankdruecken.jpg
(letzter Abruf am 08.12.2007)

Dabei muss allerdings mehr auf die Balance geachtet werden und diese Ausführung bleibt doch eher Fortgeschrittenen oder sportlichen Fitnessbeginnern vorbehalten.

- Vermeiden Sie unbedingt das Kippen der Handgelenke nach hinten (oder vorne)! Auf Dauer besteht hier beispielsweise die Gefahr von Arthrosebildungen oder Entzündung der Sehnenscheiden.

Die gezielte Korrekturmöglichkeit des Trainers muss hier lauten: „Wie bei allen Übungen, bei denen die Hände eingesetzt werden, ist darauf zu achten, dass die Handgelenke gerade gehalten werden! Sie bilden immer eine Linie mit den Unterarmen."

10.2 Genaue Übungsbezeichnung:
Beinstrecken an der Beinstreckmaschine

Die im Folgenden vorgestellte zweite Übung ist nun eine Isolationsübung. Im Gegensatz zu den Komplexen Übungen wird bei der Ausführung einer Isolationsübung ein
Muskel bewusst (relativ) gesondert von anderen Muskelgruppen trainiert. Isolationsübungen haben den Vorteil, dass beinahe die gesamte Belastung der Übung nur von der
gewünschten Muskelgruppe bewältigt wird und man sich so mental voll auf die eine
trainierte Muskelgruppe konzentrieren kann. Isolationsübungen können und sollten in
aller Regel nicht mit besonders schweren Gewichten ausgeführt werden. Deshalb werden sie oft intensiver in einer Diät- oder Vorwettkampfsphase verwendet, um trotz ge-
ringerer Energiezufuhr den Muskel stärker zu belasten.

Wenn man keine Wettkämpfe bestreiten will, sollte sich das Training zum überwiegen-
den Teil aus Grundübungen, kombiniert mit einigen Isolationsübungen zusammenset-
zen. Dabei sollte man auf jeden Fall die Grundübungen mit den schweren Gewichten zu
Beginn des Trainings ausführen, wenn noch alle Energie zur Verfügung steht, und eine
Isolationsübung eher gegen Ende des Trainings einer Muskelgruppe, um auch wirklich
das Letzte aus dem Muskel herauszuholen (vgl. *http://www.sportfitness.ch/training*
/grunduebungen.htm, letzter Abruf am 17.05.2005).
Verwendetes Gerät: Beinstreckmaschine.

Leistungsstufe: Beginner, Fortgeschrittene, Profis.

Geräteeinstellung: Im Gegensatz zu den Einstellungen an der Langhantelbank, sollte die
Einstellung des Trainingsgewichts an der Beinstreckmaschine recht einfach sein. Der
Stift zur Einstellung des Gewichts wird eben an richtiger Stelle in den Gewichtestapel
gesteckt. Die Rückenlehne wird so eingestellt, dass sich der Drehpunkt der Maschine
mit dem menschlichen Drehpunkt Kniegelenk deckt. Das Widerstandspolster befindet
sich knapp oberhalb des oberen Sprunggelenks.

Bewegungsausführung: Nehmen Sie eine stabile Sitzposition auf der Beinstreckmaschine ein. Rücken und Becken sollten an der Sitzlehne eng anliegen. Die Arme ziehen den
Körper an den seitlichen Haltegriffen fest in den Sitz und stabilisieren so den Körper. In
der Ausgangsposition sind die Kniegelenke knapp unter 90 Grad gebeugt. Aus dieser

Position strecken Sie bitte die Kniegelenke mit einer kontrollierten Muskelführung bis in die Endstellung (vgl. Bild). Anschließend kehrt man in die Ausgangsposition zurück (nach *Übungskatalog der BSA*).

Atemtechnik: Wie üblich, wird in der Belastungsphase (Strecken der Beine) ausgeatmet, in der Entlastungsphase (Beugen der Beine) eingeatmet. Pressatmung ist wie immer zu vermeiden!

http://www.tsv-gersthofen.de/Turnhalle/Kraftraum/Beinstreckmaschine.html
(letzter Abruf am 08.12.2007)

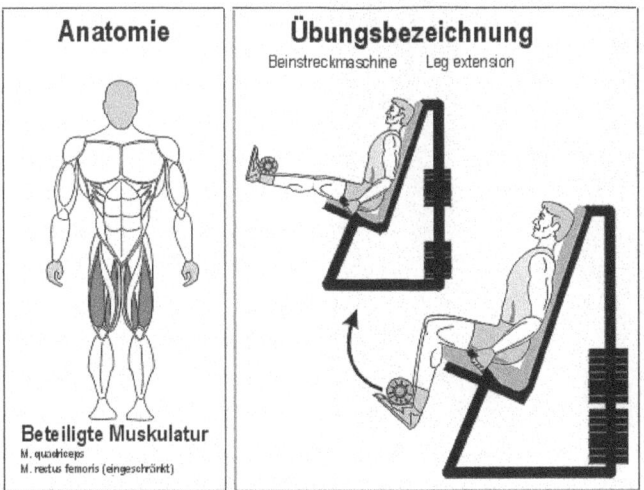

http://www.fitnessonline.at/wissen/training/alle_uebungen/os_vorne/os_vorne_09.gif
(letzter Abruf am 08.12.2007)

Beanspruchte Muskeln:

- M. quadriceps femoris (vierköpfiger Beinstrecker):
  - Dieser Muskel besteht aus vier Köpfen: Der zweigelenkige M. rectus femoris (langer Schenkelstrecker), vastus lateralis, vastus medialis, vastus intermedius (zur Körperaußenseite liegender, zur Körpermitte liegender und mittlerer Kopf).
  - Er ist der kräftigste Muskel des Menschen!
  - Ursprung:
    - M. rectus femoris: Vorderer unterer Darmbeinstachel und oberer Rand der Hüftgelenkpfanne
    - M. vastus lateralis: Laterale Lippe der rauen Linie und laterale Fläche des großen Rollhügels
    - M. vastus medialis: Mediale Lippe der rauen Linie
    - M. vastus intermedius: Vordere und laterale Fläche des Schenkelbeines
  - Ansatz: Mittels Kniescheibenrand an der Schienbeinrauhigkeit
  - Funktion:
    - speziell für die Übung: Extension des Kniegelenkes
    - allgemein:
      - alle Köpfe: Extension im Kniegelenk
      - M. rectus femoris: Zusätzlich Flexion im Hüftgelenk

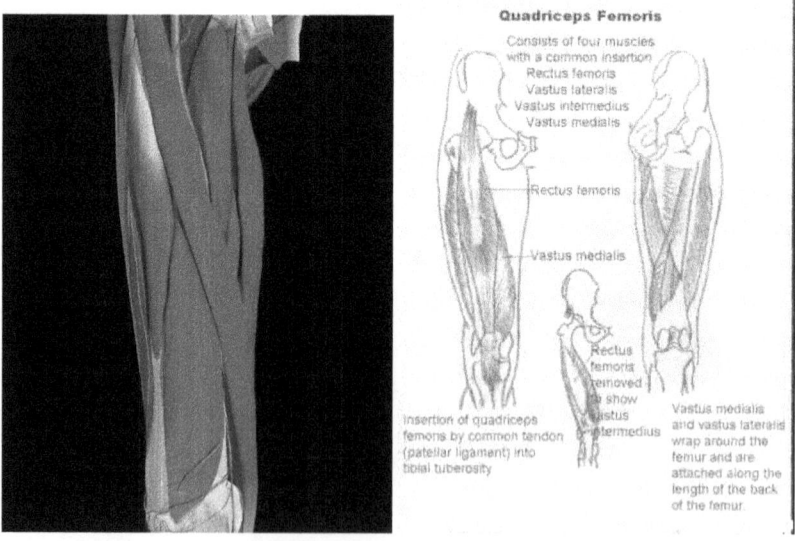

http://injuryupdate.com.au/quadriceps.JPG (letzter Abruf am 08.12.2007) bzw.
http://www.wetcanvas.com/ArtSchool/Drawing/Anatomy/Lesson4/page32.jpg
(letzter Abruf am 08.12.2007)

Charakteristik der Übung: Eine isolierende Übung für die Beinstreckmuskulatur, die infolge der permanent geführten Bewegung auch sehr gut für Anfänger geeignet ist.

3 typische Bewegungsfehler dieser Übung:

- Vermeiden sollte man unbedingt eine zu schnelle, gar reißende Bewegungsausführung! Muskelfaserrisse im Oberschenkel haben die Tendenz, ein ordentliches Training für lange Zeit zu verhindern und sind unangenehm.

  Die gezielte Korrekturmöglichkeit des Trainers muss hier lauten: „Achten Sie bei dieser Übung auf eine stets kontrollierte und langsame Ausführung der Bewegung zu jedem Zeitpunkt des Bewegungsumfangs, besonders jedoch vor dem Wechsel vom Beinstrecken zum Beinbeugen!" (Ein Trainingspartner bzw. die Mithilfe des Trainers kann hier, falls gar nicht anders möglich, eventuell per Hand für eine ruhige Bewegungsausführung sorgen.)

- Vermeiden sollte man ebenfalls ein Überstrecken des Knies in der Streckendposition! Das Kniegelenk ist das komplizierteste Gelenk des menschlichen Körpers und man sollte generell auf sehr exakte Bewegungsausführungen achten, sobald das Knie beteiligt ist. Gerade Überstreckbewegungen (noch dazu unter Belastung!) können zu Problemen führen. Die Kniescheibe ist an ihrer Rückseite, also zum Oberschenkel hin, mit Knorpel überzogen. Nicht selten kommt es zu Problemen im Sinne der Erweichung dieses Knorpels (Chondropathia patellae). Andere Verletzungsmöglichkeiten liegen in den Bereichen Knieergüsse, Sehnenentzündungen und auf anderen feldern, auf die hier nicht näher eingegangen werden muss (vgl. hierzu z.B. *http://www.lengerke.de/knie/frame/index/e-patella.htm (letzter Abruf am 08.12.2007)* oder *http://foren.medizin-forum.de* oder *www.medizinfo.de/sportmedizin/gelenke (letzter Abruf am 08.05.2005)).

  Die gezielte Korrekturmöglichkeit des Trainers muss hier lauten: „Achten Sie bei dieser Übung auf eine stets kontrollierte und langsame Ausführung der Bewegung zu jedem Zeitpunkt des Bewegungsumfangs, besonders jedoch vor dem Wechsel vom Beinstrecken zum Beinbeugen! Achten sie besonders darauf, dass eine leichte Beugung im Kniegelenk erhalten bleibt!"

- Des Weiteren kann es unangenehme Folgen haben, wenn der Trainierende nicht eine wirklich korrekte Sitzposition einnimmt. Dies kann an falscher Geräteeinstellung (Rückenpolster / Widerstandspolster) liegen, jedoch einfach auch in ungenügend fixierter Sitzhaltung begründet sein. In der Regel befinden sich seit-

lich an den Geräten Haltegriffe, die einen insbesondere auch die untere Wirbelsäule fest in die Sitzpolster ziehen lassen. Ist die untere Wirbelsäule nicht aus-
reichend fixiert, so können sich erneut Schäden z.B. an der LWS oder dem
Muskelsystem des M. Erector spinae etc. einstellen.

Die gezielte Korrekturmöglichkeit des Trainers muss hier lauten: „Achten Sie
bei dieser Übung auf eine stets fixierte Wirbelsäule zu jedem Zeitpunkt des Bewegungsumfangs! Nutzen sie die Haltegriffe tatsächlich auch aus, um sich fest
in den Sitz zu ziehen!"

11.   ANALYSE / EVALUATION / RE-TEST

„Unter Evaluation versteht man den Prozess der Beurteilung, des Wertens eines Produk-
tes, Prozesses oder Programms. Die Evaluation, auch Analyse genannt, schließt somit
als letzte stufe den gesamten Prozess der Trainingssteuerung ab. Instrumente der Analyse / Evaluation sind im Fitnessstudio der Re-Test und die Dokumentation." (*Lehrbrief
Fitnesstrainer-B-Lizenz; S. 65*)

Die Analyse der Leistungsfähigkeit dient zur Bestimmung der aktuellen Leistungsfähigkeit des Sportlers und im Verhältnis zur vorherigen Analyse der Leistungssteigerung.
Anhand dieser Auswertung muss das Training permanent angepasst werden. Es kann
die aktuelle Trainingsplanung bestätigen und so den Sportler motivieren oder das Ge-
genteil bewirken (auch das wäre bei rechtzeitigem Erkennen ein Vorteil!).

Ein Re-Test sollte ungefähr alle 4 – 6 Wochen durchgeführt werden, das heißt genauer
jeweils nach einem Mesozyklus. Das Führen eines Trainingstagebuches unterstützt eine
gute Trainingsanalyse. In diesem muss eingetragen werden, was der Sportler tatsächlich
trainiert hat. Nur so werden Leistungen oder schwächen im Training transparent und das
zukünftige Training steuerbar! Für Fitnessstudios steht ohnehin immer die Bindung des
Kunden im Vordergrund des Interesses. So ist selbstverständlich ein „schwarz auf
weiß" nachweisbarer Trainingserfolg immer eine anzustrebende Sache.

Wenn der Sportler sich nicht ausschließlich die anhand der ermittelten Werte ablesbare
Leistungssteigerung als Ziel gesetzt hat, sondern beispielsweise eine gewisse hypertro-

phe Wirkung seines Trainings, so kann es auch sehr hilfreich sein, am Körper Maß zu nehmen und Fotos zu machen.

Die Analyse muss grundsätzlich unbedingt in Bezug zur Prognose gestellt werden. Es ermöglicht dem Trainer und dem Sportler, die prognostizierten Ziele auf ihre Verwirklichung zu kontrollieren. Werden die angestrebten Ziele nicht erreicht, so muss das Training umgestellt werden oder die folgenden Prognosen weniger optimistisch gestellt werden oder beides. Übertrifft der Sportler die prognostizierte Leistung, so muss bei der Prognose wiederum die schnelle Anpassungsfähigkeit des Sportlers berücksichtigt werden.

Für die Durchführung von Re-Tests gelten klare Regeln: es müssen z.B. dieselben Rahmenbedingungen herrschen wie die entsprechenden Tests in der Diagnosephase. Wochentag, Uhrzeit (Biorhythmus!), berufliche und soziale Belastungen vor dem Test sowie selbstredend die Ausführungsbedingungen sollten nahezu identisch sein.

Im vorliegenden Fall von Lars wurden nun nach beinahe jedem Mesozyklus derartige Re-Tests eingebaut, teilweise im „normalen Training", teilweise in „Extraschichten", immer bemüht darum, die Situation der Diagnosetests zu simulieren. Zugegebenermaßen fand zwischen den Mesozyklen I und II kein Re-Test statt. Im Grunde unterschied sich das Training während Mesozyklus I, also der Kraftausdauerphase nur unerheblich vom bis dahin gewohnten Studiobesuch. Neu war die ausschließliche Systematik des Ganzkörpertrainings über einen längeren Zeitraum (wobei an manchen Tagen auch Mal „aus der Reihe" trainiert wurde) sowie insbesondere das Training nach Plan, das Lars früher immer abgelehnt hatte.

Der erste Re-Test setzte daher erst nach Mesozyklus II, der ersten Hypertrophiephase ein. Tatsächlich wurden bereits nach diesen 6 Wochen erste physisch messbare Erfolge sichtbar. Hier ein paar Beispiele tabellarisch dargestellt:

Muskelpartie	Größe vor den 6 Wochen	Größe direkt danach	Prozentuale Veränderung
Brustumfang	100 cm	100,8 cm	+ 0,8 %
Umfang Oberarm	34 cm	35 cm	+ 2,9 %
Umfang Oberschenkel	55 cm	57,5 cm (!)	+ 4,5 %
Umfang Wade	36 cm	37,2 cm (!)	+ 3,3 %

Natürlich ist es etwas müßig, sämtliche Körperumfänge darzustellen. Die vier Werte sollen daher auch nur symbolisch für die bereits nach 10 Wochen ausgeprägter athletischen Formen des Trainierenden stehen.

Dem dritten Mesozyklus folgte ein weiterer Re-Test: diesmal sollte die Entwicklung der Maximalkraft im Vordergrund des Interesses stehen. Wieder soll anhand einer Tabelle verdeutlicht werden, wie sich die Testergebnisse nach nur 4 Wochen verbesserten:

Übung	100% für 5 Whd. vor Mesozyklus III	100% für 5 Whd. nach Mesozyklus III	Prozentuale Veränderung
Bankdrücken	82 kg	85 kg	+ 3,7 %
Armstrecken am Kabelzug (doppelter Flaschenzug)	75 kg	80 kg	+ 6,7 %
Beinpresse 45 Grad	100 kg	112 kg	+ 12 %
Beinstreckmaschine	70 kg	79 kg	+ 12,9 %

Dem vierten Mesozyklus (wieder Hypertrophie) wurde ausschließlich ein Maßbandtest angehängt, da dann der Urlaub direkt vor der Tür stand und für Kraftmesstests im Studio keine Zeit mehr blieb. Die Tabelle auf der nächsten Seite zeigt das Resultat:

Muskelpartie	Größe vor den 10 Wochen Mesozyklus II und III	Größe nach den 10 Wochen Mesozyklus II und III	Prozentuale Veränderung
Brustumfang	100,8 cm	102 cm	+ 1,2 %
Umfang Oberarm	35 cm	36,2 cm	+ 3,4 %
Umfang Oberschenkel	57,5 cm	59,5 cm (!)	+ 3,5 %
Umfang Wade	37,2 cm	38,3 cm (!)	+ 3,0 %

Interessant ist dabei, dass die bislang im Training eher vernachlässigten Beinpartien durch das verstärkte Training mit am meisten an Umfang und vor allem an Kraft gewannen. Einige zwischendurch gegangene Skitouren schienen den Umfang immer wieder etwas zu reduzieren – dies wurde jedoch gerne billigend in Kauf genommen.

Lange Rede, kurzer Sinn: die Endresultate nach einem guten halben Jahr des Trainings waren im dann letztmalig durchgeführten Re-Test überzeugend genug:

Muskelpartie	Größe vor dem Makrozyklus	Größe nach dem Makrozyklus	Prozentuale Veränderung
Brustumfang	100 cm	101,5 cm	+ 1,5 %
Umfang Oberarm	34 cm	36 cm	+ 5,9 %
Umfang Oberschenkel	55 cm	59,1 cm (!)	+ 7,5 %
Umfang Wade	36 cm	37,9 cm (!)	+ 5,3 %

Übung	100% für 5 Whd. vor dem Makrozyklus	100% für 5 Whd. nach dem Makrozyklus	Prozentuale Veränderung
Bankdrücken	82 kg	87,5 kg	+ 6,7 %
Armstrecken am Kabelzug (doppelter Flaschenzug)	75 kg	80 kg	+ 6,7 %
Beinpresse 45 Grad	100 kg	114 kg	+ 14 %
Beinstreckmaschine	70 kg	81 kg	+ 15,7 %

Letztendlich konnten beide Haupttrainingsziele, die mäßige Steigerung der Muskelmasse in der Körperoberhälfte mit gering (Brust) bis deutlicher (Oberarme) gesteigerten Körperumfangwerten, aber vor allem das Hauptziel der Kräftigung der Beinmuskulatur mit Werten zwischen 5,3 und 7,5% Plus an Umfang überzeugen.

Der Kraftgewinn der unteren Extremitäten war mit 14% (Beinpresse) bzw. 15,7% (Beinstreckmaschine) sogar deutlich mehr als erwartet worden war. Hier schien ein starker Nachholeffekt eingesetzt zu haben.

Im Vergleich zur Steigerung des Brustumfangs mit gerade einmal 1,5% und Kraftgewinnen von 6,7% wird diese Vermutung noch untermauert, da das Brusttraining schon immer ein festes und regelmäßig wiederkehrendes Element im Trainingsprogramm von Lars war – Bankdrücken ist seit jeher eine seiner Lieblingsübungen. Zugewinne sind hier dann natürlich schwerer zu erkämpfen als bei der bisher immer vernachlässigten Beinmuskulatur.

Weitere wichtige Ziele, die in der vorliegenden Hausarbeit beschrieben wurden, können ebenfalls als erreicht gelten: hier reiht sich zuerst der glückliche Umstand ein, dass trotz teilweise als sehr hart empfundenem Training bei Lars „alte körperliche Leiden" mit Ausnahme einer kurzzeitig aufflammenden Epicondylitis nicht mehr auftraten. Dies spricht durchaus für die Güte der ILB-Methode, jedoch auch für die Güte des ausgearbeiteten Trainingsplans!

Weiterhin gelungen ist die Anwendung einer Vielzahl diverser Trainingsmethoden und der Einsatz einer bis dahin beim Trainierenden nicht gesehenen Menge an verschiedenen Übungen. Es fiel dabei in regelmäßigen Abständen auf, dass sich durch die plötzliche Variationsbreite im Training auch die inter- wie intramuskuläre Koordination verbesserte, ein vorher lange erfolglos verfolgtes Ziel.

Gerade die Variation war es letztlich aber auch, die auch ein weiteres Ziel Realität werden ließ: (trotz Auf- und Abwärmens!) ein Mehrgewinn an Freude am Fitnesssport. Nach 18 Jahren Training war dies vielleicht der größte Erfolg für Lars! Diese Freude im Rahmen der Ausübung des Trainerberufs im Fitnessstudio nun auch auf andere Menschen zu übertragen ist von nun an wieder sein hehres Ziel…

12. SCHLUSSWORT

Mit viel Genugtuung blickt der Verfasser auf die nunmehr vollendete Arbeit zurück. Ich hoffe sehr, dass hiermit eine Hausarbeit gelungen ist, die vielleicht „etwas anders als die anderen" ist... Persönlich kann ich versichern, dass mir die Anfertigung zwar viel Mühe, aber eben auch sehr viel Freude gemacht hat. Ich bin froh, dass ich nicht im Internet eines der dort erhältlichen Exemplare erworben habe, sondern mich selbst ans Werk gemacht habe. Ich habe viel gelernt.

Bleibt nur zu wünschen, dass auch dem Korrektor die Arbeit gefallen möge...

QUELLENVERZEICHNIS

BSA-Akademie (Hrsg.; 2004): Lehrbrief zur Fitnesstrainer-B-Lizenz, Saarbrücken
Grosser, M., Brüggemann, P., Zintl, F. (1986): Leistungssteuerung in Training und
Wettkampf, München; BLV

http://www.aeksh.de/shae/200403 /h043044a.html (letzter Abruf am 17.04.2005)

http://www.bodybuilding.com/fun/issa67abig.jpg (letzter Abruf am 08.12.2007)

http://www.bodybuilding.com/fun /1rm.htm (letzter Abruf am 17.05.2005)

http://www.bodybuilding.com/fun/tricepbig.jpg (letzter Abruf am 08.12.2007)

http://www.body-life.ch/page.cfm?id=107 (letzter Abruf am 08.12.2007)

http://www.bundesverband-skoliose.de/ (letzter Abruf am 08.12.2007)

*http:// www.deutsches-arthrose-forum.de/contents /deutsches-arthrose-forum
/archive/2004/501-verzeichnis-iliosakralgelenk-001.html (letzter Abruf am
04.05.2005).*

http://www.feel-fit.com/index.php4?thema= krafttraining&unterthema=gewicht (letzter Abruf am 08.12.2007)

*http://www.fitnessonline.at/wissen/training/alle_uebungen/os_vorne/os_vorne_09.gif
(letzter Abruf am 08.12.2007)*

http://foren.medizin-forum.de (letzter Abruf am 08.05.2005)

*http://www.fun-and-fitness.com/mus-zone/images/upback.gif (letzter Abruf am
20.05.2005)*

http://www.free-running.de /html/dehnung.html (letzter Abruf am 08.12.2007)

http://www.halterchiropraktik. ch/pages/ISG.html (letzter Abruf am 04.05.2005)

http://www.iliosakral-gelenk.de/ (letzter Abruf am 04.05.2005)

http://injuryupdate.com.au/quadriceps.JPG (letzter Abruf am 08.12.2007)

*http://www. leistungssport.com/index.php?site=135 &unav=25 (letzter Abruf am
07.05.2005)*

http://www.lengerke.de/knie/frame/index/e-patella.htm (letzter Abruf am 08.12.2007)

*http://www.lust-auf-abnehmen.de/pages/abnehmen
/bewegungstipps/dehnuebungen.html (letzter Abruf am 05.05.2005)*
www.medizinfo.de/sportmedizin/gelenke (letzter Abruf am 08.05.2005)

http://www.medizin-netz.de/koerper/blutdruck.htm (letzter Abruf am 08.12.2007)

http://www.muskelbody.de/gifs/bodybuild/bru_01.jpg (letzter Abruf am 08.12.2007)

http://www.personalshapeup.com/hanteln.jpg (letzter Abruf am 07.12.2007)

http://www.praemotion.de/grafik/sport/kraft/bankdruecken.jpg (letzter Abruf am 08.12.2007)

http://www.rubner.ch/bodybuilding /tipps/brusttraining/bankdruecken.html (letzter Abruf am 23.05.2005)

http:// www.runnersnews.de/dehnung.html (letzter Abruf am 08.05.2005)

http://www.sportfitness.ch/training/grunduebungen.htm (letzter Abruf am 14.05.2006)

http://www.sportunterricht.de/lksport/aufab.html (letzter Abruf am 08.12.2007)

http://www.sportunterricht.de/lksport/funktionsgym20.html (letzter Abruf am 08.12.2007)

http://www.sportunterricht.de/lksport/stretchingch.html (letzter Abruf am 08.12.2007)

http://www.tsv-gersthofen.de/Turnhalle/Kraftraum/Beinstreckmaschine.html

http://www.uni-hohenheim.de/~wwwin140/info/interaktives/bmi.htm (letzter Abruf am 08.12.2007)

http://www.wetcanvas.com/ArtSchool/Drawing/Anatomy/Lesson4/page32.jpg (letzter Abruf am 08.12.2007)

Lightning Source UK Ltd.
Milton Keynes UK
UKHW010635051021
391704UK00003B/475